Wolfgang Hachtel

Zwischen Algarve
und Oman

Impressionen vom Algarv (2014)

Menorca – Natur und Kultur (2013)

**Kalabrien - Unbekanntes Italien am Rande
Europas (2009)**

Lykien - Türkische Südküste (2007)

Tunesiens Norden (2006)

**Ägypten – Korallenriffe, Wüste, Tempel und
Gräber zwischen Rotem Meer und Niltal (2013)**

Sultanat Oman (2015)

Länder und Menschen 4

Bibliografische Information der Deutschen Nationalbibliothek

Die Deutsche Nationalbibliothek verzeichnet diese Publikation in der Deutschen Nationalbibliografie; detaillierte bibliografische Daten sind im Internet über http://dnb.d-nb.de abrufbar.

© 2015 Wolfgang Hachtel

Satz und Einbandgestaltung:

Wolfgang Hachtel

Herstellung und Verlag:

BoD - Books on Demand, Norderstedt

ISBN: 9783734779855

Inhalt

Lagunenlandschaften Ria de Alvor und Ria de Formosa

Naturreservate insbesondere für Vögel

São Lourenço in Almansil: Barocke Architektur und barocke Azulejos bilden eine makellose Einheit

Der Reisende trifft auf einen, der blasser ist als er selbst

Sand mal anders: Das Sandskulpturenfestival in Péra

Zeca Afonso neben Beethoven

Nossa Senhora de Guadalupe

Die Kapelle ist total renoviert, aber nahezu unbekannt

Finisterra do Sul: Hier endet die Welt

Cabo de São Vicente

Promontorium Sacrum - Fortaleza von Sagres

Der Fischerhafen von Sagres – Ein Fischer erzählt

Fischversteigerung: „Ordentlicher Fang?" frage ich die Fischer. „Jeden Tag weniger", antworten sie

Der kleine Mario will trotzdem Fischer werden

Die Westküste

Miradouro de Torre de Aspa; ein maurischer Walfänger-ausguck bei der Praia do Amado

Maurische Besatzer und deutsche Aussteiger: Aljezur

Die Einheimischen waren nicht erfreut über die Fremden

Die Wiedergeburt eines Dorfes: Pedralva

Im Feriendorf am Fuß der Serra do Espinhaço de Cão erzählt der portugiesische Manager

Die Reise ist zu Ende

Die Fremden mit Steinschleudern zu empfangen ist aus der Mode gekommen

Die Römer wurden einst mit einem Steinhagel begrüßt

Nicht nur blauer Himmel, Sonne, Sand und Meer

Irland unter blauem Himmel?

Die ungewöhnlich wechselvolle Geschichte der Insel
Menorca gehört zu Spanien, doch das war nicht
immer so

Ciutadella, die Schöne mit spanischem Gepräge
Ciutadella war Inselhauptstadt, bis Menorca britisch
wurde. Highlights: die Plaça des Born, das Ajuntament,
die Kathedrale, Ses Voltes, Es Port

***Bahia*, ein familiäres Hotel an der Cala Santandria**
1756 landete hier eine französische Invasionsflotte, aber
die Franzosen sind längst wieder weg

Der Tag der Steine
Gigantische Steinbauten sind vor dreieinhalb Jahrtausen-
den errichtet worden

Käse und Gin, Mayonnaise, Abarcas und Amargos
Inselspezialitäten: da ist für jeden etwas dabei

Tramuntana - Der Norden und Nordosten der Insel
Die Regionen zur Küste hin werden nach den vorherrschenden Seewinden benannt

**Die Südküste - Schluchten, Badebuchten, Höhlen und
eine Diskothek**
Migjorn heißt das Hügelland im Süden

Der heilige Berg der Menorquiner
Oben auf dem Monte Toro breitet ein segnender
Christus die Arme aus

Der Naturpark S'Albufera des Grau
Das zweitgrößte Feuchtgebiet der Balearen

Die Inselhauptstadt Maó
Die Inselhauptstadt ist mehr als nur die Namensgeberin
von Käse und Mayonnaise

Marés und die Pedrers
Die Trockensteinmauern aus Kalkmergel (Marés) sind
das Werk spezialisierter Handwerder, der Pedrers

Kochen mit Signora Maria und Essen in der Trattoria von Signor Filippo
Die Teigfäden wickeln wir um Grashalme, die Spiralen entstehen

El Guardacosta
Schon weit draußen auf dem Meer konnten Fischer die Wächterin der Küste, die uralte Olive, erspähen; aber Fischer gibt es hier schon lange nicht mehr

Ankunft in Kas
Gruppenbild mit Herren

Das Städchen Kas und seine Umgebung
Kas ist ein lebhafter Ort mit kleinem Hafen und reizvollen Gassen

Bootsausflug zur Insel Kekova und zum antiken Simena
Bei Simena haben die Lykier ihre Toten bestattet, wir baden in der Campari-Bucht

Auf dem lykischen Weg
Mit ihren Flinten schützen die Hirten ihre Ziegenherden vor Wölfen

Zu Gast bei einer Bauernfamilie in der Nähe des antiken Pinara
Die Mauern liegen nieder, die Hallen sind zerstört, ...

In die Kibris-Schlucht und nach Sütlegen zum Besuch der Moschee
Um die rituelle Fußwaschung vor dem Betreten der Moschee kommen wir nicht herum

Die antiken lykischen Städte Patara und Xanthos
Kein Quell durchdringt den Sand. Versunken und vergessen! ...
Die Schlucht von Saklikent

Tunis und Sidi bou Said

Im *Bardo*-Museum lassen die römischen Mosaike vergangene Zeiten lebendig werden

Antikes und neues Karthago

Ceterum censeo Carthaginem esse delendam – nie wieder, so hatte der Senat in Rom angeordnet, sollten hier Menschen leben; aber es kam anders

Nur 140 Kilometer bis nach Sizilien: Cap bon

In den Steinbrüchen von *Ghar el-Kebir* gewannen die Punier und nach ihnen die Römer das Baumaterial für die Stadt Karthago

Die Ruinen von Dougga

Zwischen römischen Säulen ist es so idyllisch, dass man sich hier im Schatten eines Olivenhains gerne zum Picknick niederlässt

Die heilige Stadt Kairouan

In der Barbiermoschee ruht der Barbier Mohammeds, Sahab, der immer drei Barthaare des Propheten mit sich geführt haben soll

Ein Jugendzentrum in Hammamet

Der Autor spielt mit einigen Jungs Tischtennis

Ausklang

Von Katzen, Souvenirs und kaltem Badevergnügen

Rückblick und Ausblick

Tunesiens spannende Geschichte zwischen der Befreiung vom osmanischen Joch und der Parlamentswahl im Oktober 2014, aus der die säkulare Partei *Nidaa Tounes* als Sieger hervor ging

Die Terrormiliz IS hat in Tunesien großen Zulauf

Die größte Angst ist, dass Dschihadisten ihre Fantasien vom Heiligen Krieg bald im eigenen Land ausleben könnten

Aktuelle Sicherheitshinweise des Auswärtigen Amts
Wie sieht es derzeit mit Reisen in Tunesien aus?
Anschlag am 18. März 2015 auf das *Bardo*-Museum
Ein Attentat auf das Land und seinen Tourismus

Ägypten - Korallenriffe, Wüste, Tempel, Gräber am Roten Meer und im Niltal (2012) 143
Ein Meeeresforscher berichtet
Ein Gartenschlauch und ein Luftkissen auf dem Rücken:
die erste Tauchausrüstung von Hans Fricke (geb. 1941)
Oasis
Eine künstliche Oase an der Rotmeerküste
Marsa Alam
Der Marsa Alam International Airport macht es möglich,
nun komfortabel zu den südägyptischen Hotelanlagen
und Tauchbasen am Roten Meer zu gelangen
Klima
Im Sommer ist es sehr heiß, das Wasser angenehm warm
Das Oasis-Hotel bei Marsa Alam
Die weitläufige Anlage ist einem nubischen Dorf nachempfunden
Das Korallenriff am Oasis
Die Korallen und bunten Fische des Riffs bieten einen
phantastischen Anblick
Ein amüsanter Ausflug an die Bucht Marsa abu Dabab
Wir treffen Grüne Meeresschildkröten und einen
Dugong – war es Dennis?
Felsengräber bei El Kab, die Stadt Edfu, der Horus-Tempel und der Tempel des Seti
Der Tempel des Gottes Horus gilt als der besterhaltene
in ganz Ägypten, aber unser falscher Tempelführer sagte
dazu nur: „Wenn Sie Fragen haben, ich sitze im Café"

Allah hat die Wüstenbewohner mit der Pracht der Korallenriffe entschädigt

Unser muslimischer Fahrer ist Nichschwimmer und dennoch vom Meer begeistert

Exkursionen mit dem Safari-Veranstalter *Red Sea Desert Adventures*

Kein schlechtes Gespann: Mohamed Fadlallah vom Stamm der Ababda-Beduinen und Thomas Krakhofer aus Österreich

Die Astro-Tour

Nirgendwo sonst kann man so gut die Sterne sehen wie in der Wüste

Mangrove-Tour zur Bucht von Marsa Lahami bei Berenice

Eine amphibische Landschaft von eigenartigem Reiz

Wadi-el-Gamal-Nationalpark

Schon Ptolemäer und Römer bauten hier in der Wüste Siedlungen und Straßen und suchten nach Gold und Smaragden

Mövenpick bei El Quseir - Zweiter Aufenthalt im Juni

Dem Mövenpickhotel und seinem Hausriff in der Bucht von Al Quadim geht ein schon fast sagenhaft anmutender Ruf voraus

El Quseir

Eine 5 000 Jahre alte ägyptische Stadt am Roten Meer

Alt-El Quseir (Quseir al-qadim) - Myos Hormos

Myos Hormos, der Muschelhafen, war über lange Zeit einer der wichtigsten Häfen am Roten Meer

Bunte Gebetsfähnchen an einer dürren Tamamriske?

Der Wind trrägt den Plastikmüll, wohin er will

Anhang 1

El-Kab Sehenswert: Das Grab des Paheri

Tempel des Horus von Edfu Bau, Baugeschichte, Tempelfeste, Inschriften; Hamburger Edfu-Projekt; Mammisi
Anhang 2

Bewohner des Riffs Algen, wirbellose Tiere, Fische; Vorkommen, Ernährung, Verhalten, Symbiosen, Tausend Tricks der Tarnung, Mimikry, Warnsignale und mehr; Putzerfisch: „Grüß Gott, haben Sie einen Termin?"

Geschichte bis 1970
Äußerst wechselvoll: Perser, Islamisierung, Portugiesen, englischer Einfluss; dann hielt der Vater des jetzigen Sultans das Land lange in der Isolation

Entwicklung seit 1970 unter Sultan Qaboos
Mit der Regierungszeit des jetzigen Sultans hat eine Modernisierung des Landes begonnen

Unruhen im Oman
Der arabische Frühling 2011 hat auch den Oman erreicht, aber ohne große Folgen

Omanisierung
Omanis sind wählerisch in Bezug auf ihren Arbeitsplatz

Naturräumliche Gliederung des Nordomans
Meeresküste, Hochgebirge, Sandwüste, Geröllsavannen

Klima
Oman liegt in den Tropen, wenn auch nur am Rand

Fauna und Flora
Mehr als nur Kamele

Besonderheiten der Flora
Weihrauchbäume, Wüstenrosen, Drachenbäume

Reiseverlauf
In 11 Tagen mit Bus und Geländewagen durch das Sultanat

Vorwort

Mehr als fünfzig Jahre sind seit meiner ersten weiten Reise vergangen; es war zugleich meine ersten Reise ans Mittelmeer. Die Mitreisenden von damals sind inzwischen nur noch ferne Punkte am Horizont. Aber viele Eindrücke sind noch gegenwärtig.

In den letzten Augusttagen des Jahres 1964 brachen wir, unser Tübinger Professor für Zoologie, Franz Peter Möhres, und zwei Dutzend Studentinnen und Studenten zu einer vierwöchigen Exkursion an die jugoslawische Adria auf. (Jugoslawien war damals ein sozialistischer und föderaler Staat, der in den 1990er Jahren zerfallen ist). Am Nachmittag fuhren wir mit der Bahn von Tübingen los, von Stuttgart ging es weiter nach München. Mit dem Nachtzug querten wir die Alpen, erreichten am Morgen Ljubljana, dann Zagreb, am späten Abend waren wir am Ziel, Split an der dalmatinischen Küste, damals wie heute eine Stadt in Kroatien. Noch in der Nacht liefen wir vom Gästehaus des Ozeanografischen Instituts durch den Kiefernwald hinunter zum Meer, saugten den würzigen Duft ein, lauschten dem sanften Schlag der Wellen gegen das Ufer der Bucht.

Seither bin ich viele Male ans Mittelmeer gereist, mit dem Pkw, mit dem Flugzeug; allein, mit meiner Familie, Frau und Kindern, mit Gruppen, mit meiner Partnerin Doris. Mit wenigen Ausnahmen (Albanien, Syrien, Libanon, Libyen, Algerien) habe ich alle Länder am Mittelmeer besucht, viele mehrmals.

Ich schreibe nur über einige wenige Reisen. Die Anzahl der Reisen, die ich in die einzelnen Länder unternommen habe, ist sehr unterschiedlich. Ich habe die jeweils am wenigsten lang zurückliegenden ausgewählt.

Viele Male war ich in Italien, in jungen Jahren am Gardasee, später mehrmals am Lago Maggiore und im Piemont, zuletzt 2003. Die Wanderurlaube in Südtirol (Vintschgau, Sarntal, Dolomiten) will ich nicht aufzählen, man könnte sagen, das sei nicht eigentlich Italien, abgesehen von San Martino di Castrozo im Trentino. Eine längere Exkursion führte mich 1965 bis nach Sizilien, eine andere in den 1980er Jahren nach Apulien. Hier berichte ich über eine Wanderreise nach Kalabrien 2009.

Spanien habe ich erstmals im Sommer 1972 auf einer mehrwöchigen Rundreise mit meiner Frau und dem ersten Auto, einem VW1300, kennengelernt. Die Heizung des VW ließ sich nicht abstellen, dabei war es doch ohnehin sehr heiß. Später war ich an der Costa Brava, dreimal auf Teneriffa, auch auf La Palma, Gomera und Mallorca, an der Costa del Sol. Über eine schöne Woche 2013 auf der weniger bekannten Insel Menorca will ich berichten.

In Ägypten war ich dreimal, immer am Roten Meer, zuerst an der Sinaiküste, dann weiter südlich, bei Marsa Alam und bei El Quseir. Exkursionen haben uns von der Küste in die Wüste und ins Niltal geführt.

Die Algarve-Reise war meine zweite nach Portugal, in der Türkei war ich ebenfalls zwei Mal. Tunesien und den Oman habe ich nur einmal bereist.

In zwei Ländern haben sich die politischen Verhältnisse in den zurückliegenden Jahren dramatisch verändert. Von den Reisen, über die ich berichte, liegt die nach Tunesien am längsten zurück, das war im Jahr 2006. Seither haben gewaltige Umwälzungen stattgefunden. Der *arabische Frühling* ist über das Land gegangen. Im Oktober 2014 haben die ersten Parlamentswahlen seit dem Sturz des langjährigen Machthabers Ben Ali im Januar 2011 stattgefunden. Das Land hat sich demokratisiert, aber noch ist ungewiss, in welche Zukunft Tunesien steuert.

Zur Zeit meiner ersten Ägyptenreise im Jahr 2004 amtierte der diktatorische Präsident Husni Mubarak. Er wurde im Verlauf der Revolution im Februar 2011 zum Rücktritt gezwungen. An seine Stelle trat ein Militärrat aus hochrangigen Offizieren. Dessen Vorsitzender und de facto Nachfolger Mubaraks war Feldmarschall Mohammed Hussein Tantawi, der von dem ersten gewählten Präsidenten Mursi abgelöst wurde. Jetzt ist General Abd al-Fattah as-Sisi ägyptischer Staatchef.

Die bereisten Länder, bis auf zwei, sind Anrainerstaaten des Mittelmeers. Portugal hat keine Mittelmeerküste, aber das Land gehört durch Geschichte, Zivilisation, Kultur und Sprache, durch Fauna und Flora zur Mediterraneis. Das Sultanat Oman liegt außerhalb dieses Gebiets, es ist Teil der arabischen Halbinsel und liegt am Indischen Ozean. Aber Verbindungen gibt es. Im Mittelalter sind Araber, arabische Heere, von der arabischen Halbinsel aus weit nach Westen vorgestoßen, haben Teile Spaniens besetzt, das Kalifat von Cordoba gegründet. Einer der westlichsten Orte, an denen sie ihre Herrschaft ausübten, war das Kastell von Aljzur, dem nordwestlichsten Punkt meiner Algarve-Reise.

Lange vor der Ausbreitung des Islam hatten die Römer ein großes Reich errichtet. In den Oman sind sie nicht gekommen, aber sie haben von dort den begehrten und kostbaren Weihrauch bezogen; immer wieder haben sie Kundschafter beauftragt, die herausfinden sollten, von woher genau dieser Weihrauch kommt, und sie waren daran interessiert, die Kontrolle über die Handelswege zu gewinnen.

Ein Wort der Warnung ist vielleicht angebracht, für den Fall, dass jemand dieses Buch für einen Reiseführer hält.

Ein wissenschaftliches Werk soll es ebenfalls nicht sein. Für beides ist es bei weitem nicht vollständig und objektiv genug. Was politische und wirtschaftliche Fragen angeht: sie spare ich fast ganz aus. Es geht mir auch nicht darum, kaltblütig die südlichen Länder und Kulturen zu bewerten, mit der Distanziertheit eines viktorianischen Schmetterlingssammlers, der seine Opfer leidenschaftslos in seinem Kasten aufspießt.

„Warum schreibst du Reiseberichte?" Das ist eine oft gestellte Frage aus dem Freundeskreis. Beim Schreiben erlebe ich die Reisen ein zweites Mal. Es hält die Erinnerung wach. Auch Mitreisende freuen sich darüber, noch einmal alles genau nachzulesen.

Das Buch will nicht mehr sein als eine Sammlung zufälliger und persönlicher Berichte. Sein Zweck, wenn es denn einen Zweck haben muss, besteht darin, mit dem Leser zu teilen, was wir Interessantes gesehen und Schönes erlebt haben. Mit anderen Worten: ihm Freude zu machen.

Bonn, im Juni 2015   Wolfgang Hachtel

Anmerkung
Noch mehr über den Autor und seine Bücher erfährt der Leser auf Seite 211.

Impressionen vom Algarv

8. bis 22.6.2014

Wie beginnen?

Wie soll man beginnen? Vielleicht mit dem Anfang der Reise? Das wäre doch zu bieder. Außerdem ist gar nicht klar, wann genau das Reisen angefangen hat Etwa mit dem fast schon unmenschlich frühen Aufstehen, um unseren Flieger von Düsseldorf nach Faro zu erreichen, unmenschlich früh wenigstens für uns Senioren, kurz vor zwei Uhr morgens, am achten Juni 2014? Wir sind, wie viele andere, Opfer eines erbarmungslosen Preiskampfs zwischen den Fluggesellschaften geworden, die ihre Flotten möglichst pausenlos nutzen möchten.

Oder hat die Reise damit begonnen, dass wir, Doris und Wolfgang, unsere Online-Anmeldung an SKR abgeschickt haben, nachdem wir bunte Kataloge studiert, Hotels und Strände, Preise und Ausflugsbeispiele verglichen hatten?

Oder doch an jenem Tag, als sich der Autor nach Bypass-Operation am Herz und mit zwei zusätzlichen Stents in der Brust plötzlich wieder fit fühlte?

Vielleicht aber sollte ich damit beginnen, dass ich der Leserin, dem Leser erkläre, weshalb ich *der Algarv* schreibe, obwohl im Deutschen sich *die Algarve* eingebürgert hat.

Jawohl, der portugiesische Name ist männlich, *o Al-garve*. Und woher kommt er, was bedeutet dieser seltsame Name, der offensichtlich keinen römischen oder griechischen, auch nicht keltischen Ursprung hat? Es ist der Anlaut auf *Al-*, der es uns verrät, der vom arabischen Ursprung des Namens zeugt, wie bei vielen Toponymen auf der iberischen Halbinsel. Und das arabische Wort *al-gharb* / الغرب / *al-ġarb* bedeutet auf Deutsch ,der Westen'.

Ankunft

Vom Flughafen Faro geht's auf der Autostrada (A22) nach Westen. Die Straße quert, getragen von lang gestreckten Brückenbauwerken, die Täler mehrerer Flüsschen, die aus nördlicher Richtung kommen und dem Meer zustreben. Aber jetzt, im Sommer, fließt nur sehr wenig Wasser, denn im Sommer ist der Algarv ein trockenes Land.

Der **Rio Arade** scheint eine Ausnahme zu machen. Aber sein Wasser stammt zum kleineren Teil aus den wenigen Wasserläufen, die von der Serra de Monchique und der Serra da Carapinha herunterkommen und zusammenfließen. Zu weit größerem Teil stammt es aus dem Meer, das vor Portimão aufläuft und abebbt, und man kann dieses Mündungsgebiet kaum noch als Fluss bezeichnen. Bis hinauf nach Silves reicht der Einfluss der Gezeiten.

Praia da Luz

Der frühe Abflug hatte auch sein Gutes. Schon vor Mittag waren wir in Praia da Luz und unserem Hotel Luz Bay Club. Wir werden freundlich lächelnd empfangen, mit gutem Englisch. Außer Engländern trifft man viele Deutsche, auch holländisch, französisch, spanisch kann man hören. Alle freuen sich, in ihrer Sprache begrüßt zu werden, Speisekarten und Hinweise in ihrer Sprache zu finden, und wenigstens die Kenntnis dieser fünf Sprachen ist unter den Portugiesen weit verbreitet.

Bei all diesen Bemühungen fragt sich vermutlich der Portugiese, wie es ihm selbst im Ausland erginge. Ja, auch Portugiesen reisen neuerdings ins Ausland, die Abschottung während der Diktatur besteht nicht mehr, wir haben die Europäische Union, in der alle zusammengehören. Auch der Portugiese fände es gewiss angenehm, an den diversen

Orten im Ausland seine portugiesische Sprache anzutreffen, in Restaurants und Hotels, auf Bahn- und Flughäfen, sie aus dem Mund von Stewardessen und Polizisten zu hören, von der Kellnerin, die ihm das Frühstück bringt. Doch das wären Wunschvorstellungen, an denen nur die glühende Sonne schuld sein könnte. „Portugiesisch wird da draußen nicht gesprochen", würde man ihm sagen, **„portugiesisch ist eine Sprache von wenigen Menschen mit wenig Geld.** Wenn aber die Ausländer nach Portugal kommen, möchte man ihnen die Freude machen."

Besonders erwähnen möchte ich unseren älteren Kellner im Hotelrestaurant, der sein gutes Deutsch in der Schweiz erlernt hat, wo er viele Jahre gearbeitet hat. Er ist ein fleissiger Mann, der uns schon zum Frühstück empfängt, den man tagsüber an der Poolbar oder beim Mittagstisch treffen kann, dann wieder beim Dinner am Abend, ein Mann, der weiß, was er seinem Beruf schuldet. Seine Kollegen und er verstehen auch etwas vom **Fußball**, besonders vom deutschen, das ist nötig, denn in Brasilien findet gerade die WM statt, und gleich zu Anfang spielt Portugal gegen Deutschland. Mustafi wird eingewechselt, und einer der Kellner fragt: „Wie viele Deutsche spielen denn jetzt noch in der deutschen Nationalmannschaft?" Gute Frage, nicht?

Dieser Luz Bay Club wurde bereits in den 1970er Jahren gegründet, von Engländern. Sie haben schon frühzeitig die weite, geschützte Sandbucht entdeckt. Engländer stellen auch im Jahr 2014 die größte Touristengruppe.

Bekannter wurde der Ort, nachdem hier im Frühjahr 2007 **die kleine Madeleine McCann** unter ungeklärten Umständen aus dem *Ocean Club* verschwunden war. Während unseres Aufenthalts wurde einmal wieder unter großem Presserummel eine neue Suchaktion gestartet.

Der Strand von Praia da Luz ist sehr sauber, das Wasser klar und nicht mehr zu kalt für ein kurzes Bad, der Wellengang mal stärker, mal schwächer, der Sand hell und feinkörnig. Jetzt, im Juni, ist er nur an den Wochenenden stark besucht. Das wird sich ändern, wenn ab Juli überall die Ferien beginnen und alle die Ferienhäuser und Appartementanlagen, die in den letzten Jahren gebaut wurden und den Ort wie manch anderen an der Algarveküste fast ins Uferlose haben wachsen lassen, belegt sein werden.

Beeindruckend sind die **Felsformationen am Ostende des Strands**, die sich bis zum benachbarten Porto de Mós hinziehen. Die Ebbe legt grünen Algenbewuchs auf den felsigen Klippen frei; wenn sie gut ist, tauchen auch Rotalgen auf. Die Felsen, die bis zu 60 Meter hoch aufragen, sind aus blaugrauem Mergel, einem lockeren kalkreichen Tongemisch, aufgebaut und durchzogen von härteren Kalksteinlagen. Am Fuß liegen herabgestürzte Steinblöcke; die Kalksandsteinschichten neigen im Kantenbereich zu einem quaderförmigen Abbruch. Die Formationen stammen aus der Kreidezeit, sie sind 60 bis 130 Millionen Jahre alt.

Die lockeren blaugrauen oder auch gelben und rötlichbraunen und kalkreichen Tonschichten des Mergel waren ein hervorragendes Sediment für die Fossilisation von Muscheln, Meeresschnecken und anderen kleinen Meeresbewohnern, die alle seit Millionen von Jahren ausgestorben sind und als Vorgänger der heutigen Artenvielfalt gelten. Die Mergelschicht ist sehr bröselig, wir können sie mit bloßen Fingern abbrechen. Hier findet man die meisten Fossilien, die vor allem nach heftigen Regenfällen aus der Mergelschicht heraus gespült werden und auf den Strand fallen. Wir müssen also nicht kraxeln, sondern mit geübtem Auge den Strandbereich unterhalb der Felsen absuchen.

Aber Vorsicht – Steinschlaggefahr! Übrigens, die Felsen westlich von Salema werden der noch älteren Jurazeit zugeordnet, und Berichten zufolge sollen an einem unzugänglichen Strandabschnitt an steil aufgetürmten Felslagen mehrere Abdrücke von Dinosaurierfüßen zu sehen sein. Die farbigen Klippen und Felsen, die sich am Felsagarv von Ponte da Piedade bis nach Armação de Pêra hinziehen, werden dagegen der Tertiärzeit zugeordnet und sind *nur* zwischen 2 und 60 Millionen Jahre alt.

Wenn wir uns auf der Strandpromenade von Luz nach Westen wenden, passieren wir die Grundmauern einer römischen Badeanlage aus dem 5. - 3. Jh v. Chr. und gelangen dann zum Platz vor der **Kirche *Senhora da Luz***, wo früher zwei Bäume gestanden haben, die leider verschwunden sind.

Klippenwanderung von Porto de Mós über Luz nach Burgau

Für die Klippenwanderung vom Strand **von Porto de Mós nach Luz** muss man eine gute Stunde Zeit einplanen. Wir wandern auf einem breiten Sandweg, der bis auf eine Ausnahme keine große Steigungen enthält, jedoch auch keinerlei Schatten bietet. Nach dem leichten Anstieg wachsen direkt an der Felskante neben den Agaven erstaunlich große Zwergpalmen. Von der ersten Anhöhe aus sehen wir ganz in der Ferne Sagres, davor Burgau. Ein hoher Fels versperrt noch die Sicht auf Luz. An der Abbruchkante befinden sich tiefe Spalten, man ahnt, dass in absehbarer Zeit Felsstücke hinabstürzen. Nach einiger Zeit taucht ein Obelisk (Vermessungspunkt) auf, von dem aus wir Luz und die gesamte Strandbucht überblicken. Zum Strand von Luz müssen wir nun etwa 100 Meter zum Teil etwas steil absteigen. Der direkt abwärts führende, vom Wasser stark ausgewaschene Weg in Höhe des Obelisken ist nicht zu empfehlen. Besser ist es, den sanfteren Abstieg zu nehmen. Er führt etwa 50 Meter hinter dem Obelisk links ab. Wir erreichen eine tiefer gelegene Anhöhe. Auf einer kleinen gepflasterten Straße geht es vollends hinunter.

Auf den Klippen **zwischen Luz und Burgau** läßt es sich, von einem kleinen, etwas steilen Aufstieg abgesehen, leicht wandern. Wir laufen auf gut sichtbaren, meist auch breiten Pfaden und benötigen etwa eineinhalb Stunden. Wir gehen links an der Kirche vorbei Richtung Westen in die *Rua Calheta*. Zunächst kommen wir an Ferienhäusern vorbei. Die rege Bautätigkeit hält immer noch an. Durch niedrigen Bewuchs und dann direkt oberhalb der noch nicht sehr hohen Klippen weiter geht es weiter; der Weg ist gesäumt von Agaven und Zwergpalmen. Es folgt ein Taleinschnitt; wir machen einen kurzen Abstecher an den Klippenrand, um einen Blick auf die Küste und die Klippen zu werfen, die wie ein angebissener Blätterteigkuchen geschichtet und zerfasert in die Landschaft ragen. Der Weg endet an dem unscheinbaren Kastell von Burgau, von dem aus wir auf den Strand hinabblicken. Auf dem Weg dorthin kommen wir an einer alten Windmühle vorbei. An ihrem hölzernen Getriebe, das vor ein paar Jahren noch gut erhalten gewesen sein soll, hat sichtlich der Zahn der Zeit genagt.

Silves – Hauptstadt der Mauren und der Störche

Wir erreichen Silves (arabisch *Xelb*), die alte Hauptstadt der Mauren, mit dem Kastell und der gotischen Kathedrale *Sé* oben auf dem Hügel, an dessen Hang die Stadt hinaufgebaut ist. Von unserem Bus werden wir unten an der Uferstraße abgesetzt, bei der alten Brücke über den Arade, die **Ponte Romano** heißt, aber erst im Mittelalter errichtet wurde. Nur ein paar Schritte sind es von hier zur Markthalle, wo neben Gemüse, Obst, Fleisch und Fisch auch Mandelgebäck angeboten wird. Zum Arade hin öffnet sich auch die Praca Al-Muthamid, der neu angelegte Vorzeigeplatz von Silves. Der Namensgeber, der sich Ende des 11. Jh.s einen Namen als Dichter machte, war Gouverneur von Silves und danach Herrscher in Sevilla. Wir laufen durch die Sträßchen den Hügel hinauf und kommen auf halber Höhe durch das mächtige alte Stadttor. Schon die römische Straße von Portimão nach Loulé führte durch das Tor.

Die Burg haben die einstigen maurischen Herrscher vom 9. bis zum 12. Jh. bauen lassen, eine Ruine, aber schön. Und der rote Sandstein (*grés de Silves*) vermittelt den Eindruck, als sei sie frisch erbaut, wie aus noch feuchter, gerade erst geformter Tonerde. Noch schöner müssen diese Steine sein, wenn der Regen sie benetzt. Wir bewundern die Zisterne in der Mitte des Burgplatzes, mit ihrer auf vier Säulen ruhenden Kuppel gebaut wie eine Moschee.

Später wurden Burg und Stadt von christlichen Heeren drei Mal erobert, zweimal gingen sie wieder verloren; 1242 fielen sie endgültig an Portugal. Einer der christlichen Eroberer war Sanchos I. Seine Statue steht vor der Burg, überlebensgroß, barhäuptig, mit breiter Brust, im Kettenhemd, das gezogene Schwert in der Rechten, mit der Linken hält er eine Bulle, Symbol für die vermeintliche Überlegenheit der Christenheit über die Araber..

An der Stelle der früheren Moschee wurde 1189 mit dem Bau der dreischiffigen **Kathedrale *Sé*** begonnen. Das war nach der ersten Eroberung. Übrigens hatte Silves damals mehr Einwohner als heute, etwa 15.000. Der Bau wurde 1242 fortgeführt, aber durch das verheerende Erdbeben

1755 fast vollständig vernichtet. Danach erfolgte der Wiederaufbau im gotischen Stil, aber durch spätere Einbauten wurde der Bau teilweise verhunzt. Doch wichtiger als die Architektur ist hier wieder der rote Sandstein in seinen zahllosen Schattierungen von fast Gelb mit rötlichem Schimmer bis hin zur Farbe von tief dunkler Terrakotta. Dass aus diesem Stein Säulen oder Kapitelle, Spitzbogenrippen oder schlichte Stützen geschnitten wurden, ist fast nebensächlich, das Auge sieht nicht so sehr Form und Funktion, es sieht vor allem die Farbe.

Die Kathedrale hat noch anderes zu bieten: Grabmäler von Kreuzfahrern, dazu Azulejos und vergoldete Schnitzereien. Zuletzt versuche ich, mir den Anblick der Kuppel über dem Transept einzuprägen, zu der ein reflektierter Lichtstrahl hinauf leuchtet: Kein Stein gleicht dem Stein neben ihm, alle zusammen sind wie ein großartiges Gemälde.

Bevor wir uns aufmachen zu einer kleinen Wanderung, möchte ich noch erwähnen, dass Silves die Hauptstadt der Störche zu sein scheint. Zwei Dutzend Horste wenigstens zählen wir, die meisten mit bald erwachsenen Jungvögeln. Im Schwemmland des Arade, das sich bis zur Mündung vor Portimão erstreckt, finden die Tiere reichlich Nahrung.

Von Silves zum *Club Nautico do Arade* wandern wir, geführt von Daniela, an einem Bewässerungskanal (*Levada*) entlang, dann vorbei an einer alten Windmühle, durch einen Eukalyptuswald. Wir sprechen über die verheerenden Auswirkungen von Eukalyptusplantagen auf die Böden und das Kleinklima, auf Fauna und Flora. Hier wie überall im Algarv gibt es große Bestände der Lack-Zistrose, ein drüsig-klebriger Strauch, dessen dunkelgrüne Blätter oberseits stark glänzend sind; die Blütezeit ist vorbei. Diese Zistrose ist auf der Iberischen Halbinsel, in Frankreich und

Nordwestafrika verbreitet. Man findet sie in Macchien, lichten offenen Wäldern auf kalkfreien, sauren Böden.

Wir umrunden Silves im Hinterland und erreichen schließlich wieder den Arade und den *Club Nautico do Arade*, wo der schwarzafrikanische Inhaber Oktopussalat und *Bacalhau a Gomes de Sá* (Stockfisch mit gekochten Kartoffeln und Zwiebeln) für uns auf der Terrasse servieren lässt, während wir den Ausflugsbooten auf dem Arade nachschauen.

Die Stauseen Barragem do Arrade und do Funcho

In seinem Oberlauf ist der Arade aufgestaut: Den Stausee Barragem do Arrade erreicht man von Silves aus auf guten Straßen längs des Flüsschens. Er ist ein wichtiges Wasserreservoir. Mit dem Wasser werden mehr als 2.300 Hektar Zitrusplantagen bewässert, eine gewaltige Fläche. Ferner wird elektrischer Strom erzeugt.

Auf dem Weg längs der Westseite des Sees erreichen wir den höher gelegenen, neueren Barragem do Funcho. Es sind einige steilere Stellen zu überwinden, die Wegstrecke beträgt ungefähr 9 Kilometer hin und zurück auf demselben Weg (2 1/2 Stunden Gehzeit). Eine Säule mit Inschrift erinnert an die Erbauer des Damms; auch der Name *Salazar* ist dabei, man hat ihn ziemlich verunziert.

Seitdem die Spanier mit ertragsstarken Neuanpflanzungen die Preise für Zitrusfrüchte ins Bodenlose haben fallen lassen, geht hier die Existenzangst um. In einer spektakulären Aktion machte sich im August 2000 der Unmut der portugiesischen Erzeuger Luft. Fünf Tonnen Zitrusfrüchte wurden in einem Baggerloch vergraben, symbolisch trugen sie den Zitrusanbau zu Grabe. Die Misere besteht fort. Das ist der Grund, warum viel Obst in den Plantagen verfault; der Anbau lohnt sich nicht mehr.

Mandelblüte

Seit alters her bestehen hier auch Mandelkulturen. Im Frühling müsse man von der Küste nach Silves hinüberfahren, sagen uns Daniela und Olaf, zur Zeit der Mandelblüte.

Dann erzählen sie die altbekannte Geschichte vom Maurenkönig, der mit einer Prinzessin aus dem Norden verheiratet war. Diese hatte schreckliches Heimweh nach dem Schnee in ihrer Heimat, sie verzehrte sich vor Sehnsucht, was dem König großen Kummer bereitete, denn er liebte sie sehr. Nun weiß man, wie der kluge Monarch das Problem löste: Er ließ Tausende und Abertausende von Mandelbäumen pflanzen, und als sie eines Tages alle blühten, gab er Anordnung, sämtliche Fenster des Palastes zu öffnen, in dem die Prinzessin langsam dahinsiechte. Als die arme Prinzessin die Felder voller weißer Blüten sah, redete sie sich ein, es sei Schnee, und wurde gesund. So lautet die Sage von den Mandelbäumen – was dann geschah, als aus den Blüten Mandeln wurden, ist nicht bekannt.

Nun mag man sich die folgende Frage stellen: Wenn die auszehrende Krankheit, an der die Prinzessin litt, so schwer war, wie hat sie sich dann so lange am Leben halten können, bis Millionen von Mandelbäumen heranwuchsen und blühten? Die Geschichte stimmt also nicht. Und hier erzähle ich nun die Wahrheit: Der Königspalast stand in einer Stadt oder einem größeren Ort, und ringsum gab es Häuser und Mauern, einfach alles, was zu einer Stadt gehört, und alles in den Farben gestrichen, die den Besitzern gefielen, blau oder rosa, grün, vielleicht ockerfarben. Weiß gab es nur wenig. Da ließ der König, als ihm seine Prinzessin dahinsiechte, einen Erlass veröffentlichen, der besagte, dass sämtliche Häuser weiß zu streichen seien, und zwar von allen gleichzeitig und über Nacht. So geschah es. Als die

Prinzessin am Morgen ans Fenster trat, sah sie, dass die ganze Stadt weiß war. Nun konnte sie gesund werden.

Doch das ist noch nicht alles. Im Alentejo gibt es keine Mandelbäume, aber die Häuser sind auch weiß. Warum? Ganz einfach. Der Maurenkönig herrschte auch dort, und der Erlass galt für alle. Wenn auch Sie, verehrte Leserschaft, diese Argumentation für schlüssig halten, dann können wir die alte Sage von den Mandelbäumen ins Reich der Romantik verweisen. – Es sei nicht verschwiegen, dass der Urheber dieser Überlegungen José Saramago ist, er hat sie in seinem Buch *Viagem a Portugal* (*Die portugiesische Reise*) aufgeschrieben. Auch an anderen Stellen des Texts wird der Leser einige wörtliche oder gedankliche Anleihen bei diesem genialen portugiesischen Schriftsteller finden, ohne dass sie stets im Einzelnen gekennzeichnet sind.

Grüne Wasser im sonnentrockenen Algarv: Fonte de Benémola und Alte

Bei Querença wandern wir durch das stille, grüne Tal zur **Fonte de Benémola**, am Bachufer entlang, von blühendem Oleander begleitet, bevor wir nach Alte weiterfahren. Im Tal von Benémola konnte man früher bei António handgefertigte Körbe aus Schilfrohr kaufen und dem Flechtkünstler bei der Arbeit zuschauen; er hat sich zur Ruhe gesetzt oder ist verstorben, niemand weiß es.

In **Alte** im Hinterland des Algarv hat die seit 1950 anhaltende Landflucht von einstmals mehr als 7.000 Einwohnern gerade mal 2.000 übriggelassen.

Hier gibt es frische Quellen, weiß gekalkte Häuschen, enge Gassen, eine alte Dorfkirche, ein Restaurant, zwei, drei Souvenirläden, eine Dänin verkauft Taschen aus Kork und andere Korkwaren. Im Waser an der großen Quelle steht eine weiße Quellnymphe von Vitor P. Canco aus dem Jahr 2007, ein traditionelles Schöpfwerk ist wieder aufgebaut, Azulejos erinnern an den Heimatdichter Candido Guerreio (1871-1953), den berühmtesten Sohn des Ortes. Einer seiner Verse: „Weil ich am Fuße der vier Berge geboren, wo die Wasser im Vorbeigehen singen, die Lieder der Mühlen und Brücken, lehrten mich die Wasser das Sprechen."

Mit der Pfarrkirche im Dorfzentrum haben wir kein Glück. Eine halbe Stunde früher wäre sie geöffnet gewesen. Aus den Öffnungszeiten wird kein Mensch schlau, sie richten sich nach Messe und Saison, aber auch nach manchen berechtigten Befürchtungen, denn zwischen Tausenden von flinkfüßigen Touristen, die alles erkunden wollen, gibt es auch einige mit noch flinkeren Fingern. Wenn so einer mit üblen Absichten jetzt hier ankäme, stünde er vor verschlossener Tür. Nach São Lourenço de Almansil, meint Saramago, sei die Kirche von Alte aber auch keine Offenbarung, die alles andere vergessen lässt. *Vielleicht liegt es daran, dass in São Lourenço die barocke Architektur und die barocken Azulejos eine so makellose Einheit bilden. Vielleicht auch daran, dass der manuelinische Stil, wie es hier* (in Alte) *der Fall ist, sich kaum mit Azulejo-Ausschmückungen verträgt, auch wenn sie sich noch so sehr der Gewichtung einer letztlich gotischen Architektur anzupassen versuchen.* So entgehen uns liebliche musizierenden Engel aus dem 18. Jh. und andere Engel mit Körben voller Blumen auf dem Kopf. Die Kirche zeigt uns nur ihr Portal und ihre Frontansicht, das erstere ist schön, die zweite gewöhnlich.

Die Serra de Monchique
Die Serra de Monchique ist ein stark bewaldetes Gebirge im Westen des Algarv. Sie ist ein Schutz vor dem kalten

Wind, der vom Atlantischen Ozean auf das Festland bläst. In den Bergen entspringen Quellen, die einen Großteil der Stauseen des Algarv füllen.

Monchique ist eine Kleinstadt *(Vila)* mit etwa 5.000 Einwohnern, in einem Tal und am Hang des Berges Fóia (902 Meter) gelegen, als Kurort bekannt wegen der in der Nähe gelegenen Bäder, den *Caldas de Monchique.*

Es ist ein besonderer Tag in ganz Portugal, an dem wir nach Monchique kommen, es ist der 13. Juni. Man feiert den Gedenktag des **Hl. Antonius**, Schulkinder ziehen in Festtagskleidern durch den Ort. Der Hl. Antonius von Padua, auch Antonius von Lissabon genannt, war ein portugiesischer Franziskaner, geboren in Lissabon und gestorben am, ja, eben am 13. Juni, am 13. Juni des Jahres 1231 bei Padua.

Dem Namenstag entsprechende Bauernregeln lauten:

- *Wenn Sankt Anton gut Wetter lacht, Sankt Peter (29. Juni) viel ins Wasser macht.*

- *Regnet's am Antoniustag, wird's Wetter später wie es mag.*

Hübsch anzusehen sind neuere bronzenen Statuen, die am zentralen Platz aufgestellt sind. Hauptfigur ist Dr. Humberto Messias, aus Monchique gebürtig und angesehener Arzt in Lissabon. Er hatte nicht isoliert auf einem Podest stehen wollen, weshalb man ihn zusammen mit einer Frau und zwei Kindern in einer Figurengruppe aufgestellt hat.

Zu besichtigen sind Häuser an steilen Gassen, Lädchen, die manuelinischen Portale an der Kirche, auch das Innere würde ich gern sehen, komme aber nicht hinein, weil der Priester gerade eben den Ort verlassen hat und niemand weiß, wohin.

Das ehemalige Franziskaner-Kloster von 1632 steht oberhalb des Orts. Es ist durch das schon erwähnte Erdbeben von 1755 beschädigt. Wer mag, kann weiter zum Gipfel des

Fóia aufsteigen, wo sich Sendeanlagen und ein Windpark befinden; von dort hat man eine weite Sicht.

Im Monchique-Gebirge wird viel **Kork** gewonnen. Mehrfach sehen wir Stapel langer Rindenstücke, bereit zum Abtransport. Rinde der Korkeiche (*Quercus suber*) wird seit dem 2. Jh. n.Chr. im Mittelmeerraum, früher vor allem in Mittelitalien und Spanien bzw. der ehemaligen römischen Provinz Hispania und heute vorwiegend in Portugals Süden, mit Schneideäxten von Stämmen und Hauptästen geschält und verarbeitet. Bei der ersten Schälung fällt eine raue, harzreiche Korkrinde an, die sich zur Herstellung von dunkelbraunen Korkplatten (ohne Zusatz künstlicher Bindemittel) eignet, die zur Wärmedämmung eingesetzt werden. Auf den geschälten Stamm wird die Jahreszahl der ersten Schälung aufgemalt. Dann kann alle 8 bis 12 Jahre die nachwachsende Sekundärkorkrinde geerntet werden. Sie ist harzarm und weitgehend homogen, weshalb sie sich zur maschinellen Verarbeitung eignet. Zur Herstellung von Flaschenkorken und einer Reihe weiterer Industrieprodukte wird Sekundärkork verwendet.

Der **Aguardente de Medronho** ist ein traditioneller Obstschnaps, ein Schnaps für Bauern, Fischer und Touristen; er wird hier gebrannt und verkauft. Gewonnen wird Medronho aus der Frucht des Medronho-Baumes, das ist der Erdbeerbaum (*Arbutus unedo*). Medronho-Bäume wachsen wild auf den teilweise kargen Böden des Alentejo oder des inneren Algarv. Einen kommerziellen Anbau (Plantagen) von Medronho gibt es nicht, die Früchte werden von Bauern in mühsamer Handarbeit gesammelt und privat verarbeitet. Daher gibt es guten Aguardente de Medronho auch kaum in Supermärkten zu kaufen, sondern nur von ebendiesen wenigen Bauern direkt. Medronho ist vor allem bei einfachen

Leuten beliebt und wird gerne schon zum Frühstück getrunken, um die Lebensgeister zu wecken. Mit Hilfe einfacher Destillen wird aus vergorener Medronho-Maische Schnaps gebrannt, der einen Alkoholgehalt um 50 % hat. Daniela kennt einen Schnapsbrenner, er zeigt uns seine Brennerei.

Für Melosa wird Medronho auf Zitronenschalen gegossen, danach mit in Wasser gelöstem Honig und Zitronensaft vermischt und eine Spur Zimt zugesetzt; 20 - 25 % beträgt der Alkoholgehalt.

Der Complexo Termal das **Caldas de Monchique** liegt etwas unterhalb des Städtchens. In der Gaststätte essen wir frisch gebackenes Brot mit eingelegter Chouriço; das ist eine würzige, feste, mit roter Paprika und Knoblauch gewürzte Wurst vom Schwein.

Lagos: Seefahrerstadt mit Sklavenmarkt

Die Stadt, von einer Mauer umgeben, liegt auf eng bebauten Hügeln am Ufer des Rebeira de Bensafrim, der hier in eine breite Meeresbucht mündet. Sehenswert ist das historischen Zentrum, die Kirche *Igreja do Santo António*, eine Festung an der Hafeneinfahrt. Ein Kriegerdenkmal gilt den Gefallenen des Ersten Weltkriegs (GRANDE GUERRA). Im Zweiten ist Portugal neutral geblieben. Lagos ist auch Endstation der Bahnlinie Faro - Lagos (Linha do Algarve).

Schon Phönizier und Griechen siedelten an der Bucht von Lagos, um Thunfisch, Sardinen, Krebse zu fangen. Karthager führten den Wein- und Olivenanbau ein. Römer gaben der Siedlung den ersten bekannten Namen, *Lacobriga*.

Mit Lagos ist der Name Sertorius verbunden, der jenes Römers, der nach dem Tod von Viriatus der Oberbefehlshaber der Lusitanier war (die Ahnen der Portugiesen, vermutlich keltischen Ursprungs). *Sertorius, der sich aus dem Kampf*

zwischen Marius und Sulla herausgehalten hatte (oder her-
ausgehalten worden war), wurde etwa achtzig Jahre vor
unserer Zeitrechnung von den Lusitaniern gebeten, sie im
Krieg gegen die Römer anzuführen. Patriotismus wurde da-
mals weniger streng als heute verstanden oder aber ließ
sich mühelos den Interessen einer bestimmten Gruppe un-
terordnen, worin er sich im Grunde von der heutigen Pra-
xis nur insoweit unterscheidet, als wir mehr den äußeren
Schein wahren. Sertorius jedenfalls nahm den Auftrag an ...
Verworrene Geschichten einer allgemeinen Geschichte, die
manch einer gern als einfach darstellen möchte: Erst waren
die Lusitanier da, dann kamen die Römer, dann die West-
goten und die Araber, da es jedoch ein Land namens Portu-
gal geben musste, erschien der Graf Dom Henrique, dann
sein Sohn Afonso und nach ihm weitere Afonsos, ein paar
Sanchos und Jãos, Pedros und Manuéls, mit einer Pause, in
der drei kastilische Felipes regierten, nachdem in der
Schlacht von Alcácer Quibir der unglückselige Sebastião
umgekommen war. Das wäre es dann auch schon fast.
Soweit das Zitat aus Saramagos portugiesischer Reise.
Kurz nach ihrer Landung in Gibraltar 711 breiteten die
Mauren sich schnell am Algarv aus. 716 eroberten sie
Lagos. 1189 nahm Dom Sancho I. Lagos ein, aber 1192
kehrten die Mauren wieder zurück. Erst 1241 konnte die
Stadt den Mauren endgültig entrissen werden.
Der Hafen von Lagos war im 15. Jh. Ausgangspunkt zahlreicher Afrikaexpeditionen, die Portugal unter Heinrich
dem Seefahrer unternahm. Heinrich ließ hier ab etwa 1440
die Karavelle entwickeln und bauen. Dieser neue Schiffstyp
nach dem Vorbild der arabischen Dhau war seegängig, küs-
tentauglich und in der Lage, hoch am Wind zu segeln und
gegen die vorherrschende Windrichtung zu kreuzen.

Ab 1433 stach der Seefahrer Gil Eanes mehrfach von Lagos aus in See, um schließlich erstmals über das Kap Bojador hinaus zu segeln. Das an der Nordwestküste Afrikas liegende Kap, das heute zu Westsahara gehört, galt damals als Grenze der Welt. Gil Eanes wird als Kind der Stadt geehrt, und ein Platz im Ortszentrum trägt seinen Namen.

Durch die Afrikafahrten portugiesischer Schiffe gelangten schwarze Sklaven aus Guinea und dem Senegal erstmals in der Neuzeit nach Europa. Lagos erhielt 1444 einen bedeutenden Sklavenmarkt, dessen Gebäude noch heute besteht. Erst 1820 wurde der Menschenhandel verboten. Die ehemalige nigerianische Hauptstadt Lagos, heute die zweitgrößte Stadt Afrikas, wurde nach der portugiesischen Kleinstadt benannt. Sie war Ausgangshafen der Sklaventransporte für den Sklavenmarkt in Lagos/Portugal.

Der Sklavenmarkt (*Mercado de Escravos*) befand sich auf der *Praça da República*. Unter den Arkaden wurden die Schwarzafrikaner angebunden und zum Verkauf angeboten. Auf dem Platz steht seit 1960 ein Denkmal für Heinrich den Seefahrer (*Infante D. Henrique*), das anlässlich seines 500. Todestages aufgestellt wurde.

Hierzu nochmals Saramago: *Lagos besitzt einen Sklavenmarkt. Es ist eine Art offene Halle auf der Praca da República, ein paar Säulen tragen das Dach, hier fanden Versteigerungen statt, nach dem Motto, wer bietet am meisten für den gut ausgebildeten Kaffer oder die Negerin in heiratsfähigem Alter mit üppigen Brüsten. ... Hätte der Reisende in Lagos etwas zu sagen, würde er dafür sorgen, dass dort kräftige Ketten angebracht würden und dazu ein Podest, auf dem das menschliche Vieh zur Schau gestellt wurde, und vielleicht auch eine Statue – da ein Stückchen weiter eine Statue von Heinrich, dem Seefahrer, steht, der vom Sklavenhandel profitierte, würde eine Statue der Ware gut dazu passen.*

Wie die alten portugiesischen Seefahrer stechen auch wir in See, wenn auch nur für eine Stunde und auch nur zu einer Bootsfahrt längs der wild-romantischen Klippenküste zwischen Lagos und Ponte da Piedade.

Ein Wald-Nationalpark, die *Mata Nacional* de Barão de São João

Im Hinterland von Lagos, in der Vorgebirgslandschaft des *Barrocal*, liegt das Dorf Barão de São João. Hier geht alles noch gemächlicher zu als in den küstennahen Orten. Ein Bäuerchen fährt auf seinem altertümlichen, zweirädrigen Eselskarren vorbei und versucht, sein Zugtier zu einem gleichmäßigen Trab anzuhalten. Zwei alte Männer halten in aller Ruhe ihren Plausch auf der Bank vor dem Haus.

Nordwestlich von Barão erstreckt sich ein großes Waldgebiet, die *Mata Nacional de Barão de São João*. Im 15. Jh. wuchs hier das Holz für den Bau der Karavellen, heute dient der Wald als Erholungs-, Sport- und Wandergebiet.

Im Dorf folge ich der Ausschilderung *Mata Nacional*. Unmittelbar hinter der Dorfgrenze steigt das Gelände leicht an. Ich fahre den breiten Sandweg, der zugleich Brandschneise ist, geradeaus bis zum höchsten Punkt *Pedra Branca*. Von hier geht der Blick über die tieferliegenden Felder. Im bis zu 400 Meter hohen, aus Kalksandstein bestehenden Hügelland (*Barrocal*) wird hauptsächlich Landwirtschaft betrieben. Am Südwestrand des Walds entlang wandere ich, stets mit weitem Blick nach Westen, vorbei an einem geodätischen Vermessungspunkt und an *Pedra do Galo*, einem Menhir aus dem Paläolithikum. Vielerorts blüht Tausendgüldenkraut, sonst fast nichts mehr. Im Westen drehen sich zahlreiche Windkrafträder, auf den Masten lese ich die Aufschrift *e-on*. Zurück kann man durch Wald und neuere Pflanzungen von *Pinus pinaster* gehen. Wie Riesen-Regenschirme sind die Pinien über das Land verteilen.

Wer Lust auf eine längere Wanderung hat, kann von Barão de São João durch ein einsames Tal nach Carrapateira laufen. Die Gegend ist praktisch menschenleer.

Die Lagunenlandschaften Ria de Alvor und Ria de Formosa

Die **Ria de Alvor** ist ein Naturschutzgebiet westlich des Badeorts Alvor. Große Dünen und ein Deich schützen die Lagune vor der zerstörerischen Kraft des Atlantiks, so dass ein Naturreservat insbesondere für Vögel entstehen konnte.

Am Weg auf dem Deich stehen großen Büsche des Strandstrauchflieders in voller Blüte. Das Gehen ist wegen der vielen kantigen Steine etwas beschwerlich. Dafür entschädigt der Blick nach links auf den Rio Alvor und nach rechts auf ein größeres Brackwasserfeuchtgebiet, in dem sich aber um diese Jahreszeit und bei hohem Wasserstand nur wenige Vögel aufhalten. Einige Stelzenläufer machen mit lauten Rufen auf sich aufmerksam, und ein einsamer Silberreiher schaut zu uns herüber.

Der *Parque Natural da Ria Formosa* ist ein Naturschutzgebiet, das überwiegend aus einer Lagune mit Salzmarschen und Watt und den davor liegenden Sanddünen (Inseln und Halbinseln) besteht. Der Park erstreckt sich zwischen Quinta do Lago, das 20 km westlich von Faro liegt, bis nach Manta Rota, östlich von Tavira. Hier ist eines der größten Lagunen-Schutzgebiete Europas. Das 60 km lange Gebiet wurde 1987 unter Schutz gestellt, um einerseits den Fischfang weiterhin zu ermöglichen, andererseits den Rastplatz die für Zugvögel und einen natürlichen Schutzwall gegen den Atlantik zu erhalten. Die Lagune ist über fünf natürliche und einen künstlichen Ausgang mit dem offenen Meer verbunden; letzterer dient als Verbindungsweg vom Atlantik zum Hafen von Faro mit seinen 42.000 Einwohnern, das am Nordrand der Lagune liegt.

Ich wähle die Zufahrt bis Quinta do Lago, Abfahrt 12 von der Autostrada. Der Weg führt vom Parkplatz zu einem Holzsteg und auf die Dünen der vorgelagerten westlichsten Halbinsel. Am Strand vor den Dünen kann man baden. Bei Niedrigwasser sind eventuell Alpenstrandläufer, Grün- und Rotschenkel, Kiebitz-Regenpfeifer, Regen- und Großer Brachvogel, Sanderling, Steinwälzer, Kampfläufer, Ufer- und Pfuhlschnepfen unterwegs. Auf den Sandbänken leben in große Kolonien Lachmöwen und Heringsmöwen. Man kann den Seeschwalben bei der Jagd zusehen, Seidenreiher, Stelzenläufer, Löffler, Flamingos, Störche, Kormorane und das seltene Purpurhuhn beobachten,

Lohnend ist auf der Rückfahrt ein Abstecher zur Kirche São Lourenço de Almansil und zur FIESA in Péra.

São Lourenço in Almansil: barocke Architektur und barocke Azulejos bilden eine makellose Einheit

Hier lasse ich José Saramago, den großen Meister, berichten. Er schreibt: *Wenn möglich, will der Reisende hinunter an den Strand gehen, wenn möglich, im Meer baden. ... doch nein, es ging immer nur hinein und hinaus, kaum war er nass, trocknete er sich schon wieder ab. Dabei hätte er durchaus mehr verdient gehabt, denn in dieser Gegend ist er so blass wie kein anderer Reisender.*

Doch gibt es einen in dieser Gegend, der noch bleicher ist als er und nie wieder reisen wird.

Als der Reisende zur Kirche São Lourenço de Almansil hinauffährt, sieht er auf dem Vorplatz und in der Seitenstraße Grüppchen von schwarzgekleideten Männern, die sich unterhalten. Die Frauen sitzen, wie er gleich darauf feststellt, in der Kirche auf den Bänken und warten auf den Beginn der Totenmesse.

Auf einem Zettel an der Kirchentür steht in drei Sprachen: „Zur Besichtigung der Kirche nebenan melden." In solchen Dingen ist der Reisende inzwischen Spezialist, doch braucht er dieses Mal nicht den Schlüssel holen zu gehen, jemand ist ihm zuvorgekommen, die Tür steht weit offen. Die betreffende Person befindet sich weiter hinten. Der Reisende fragt nicht, ob es eine Frau oder ein Mann ist, das interessiert nicht mehr. Blumensträuße liegen da, der Priester ist noch nicht gekommen, die Frauen auf den Bänken unterhalten sich leise.

Was soll der Reisende tun? Er kann nicht durch den Mittelgang des Kirchenschiffs gehen, und zwischen den Bänken und den Wänden ist kein Platz. Als er schon fürchtet, er werde nicht über die Schwelle hinauskommen, spürt er, dass niemand empört sein wird, wenn er ein wenig vortritt, ein Stückchen hierhin, ein Stückchen dahin, entschuldigen Sie, entschuldigen Sie, und, soweit es die heikle Situation erlaubt, die berühmten Azulejos von Policarpo de Oliveira Bernardes bewundert, die herrliche Kuppel, das kostbare Juwel, das diese ganze Kirche ist.

Und das tut er dann auch. Ohne die Angehörigen des Verstorbenen zu schockieren oder zu kränken, kann der Reisende dank der stillschweigenden, diskreten Hilfe all derer, die beiseite treten, um ihn durchzulassen, staunend dieses Lebenswerk bewundern. Als er hinausgeht, beginnen die Glocken zu läuten.

Sand einmal anders: Das Sandskulpturenfestival in Péra

Bei Péra findet in jedem Sommer die Fiesa statt, das Internationale Sand-Skulpturen-Festival: Festival internacional de escultura em areia - tema: MUSICA II - 25 Mai - 25 Out / Péra - Algarve. Hier begegnen uns Johann Sebastian Bach, Ludwig van Beethoven, Wolfgang Amadeus mit Vater Leopold Mozart, vor allem viele Sänger und Sängerinnen, Komponisten und Dirigenten, deren Namen wir aus Oper, Musical oder Film kennen. Nicht nur die Musikszenen Europas und Nordamerikas sind berücksichtigt, sondern auch die Asiens, Afrikas und Südamerikas.

Eine der ausdrucksstärksten Figuren ist die des José Afonso (1929 - 1987), auch Zeca Afonso oder nur Zeca genannt. Er war einer der bedeutendsten Sänger und Komponisten Portugals. Sein Lied *Grândola, Vila Morena* wurde zum Startsignal für die friedliche Nelkenrevolution im Jahr 1974. In der Nacht vom 24. auf den 25. April 1974 sendete der katholische Rundfunksender *Rádio Renascença* das Lied, die Zeitung *República* hatte schon am Vorabend für Eingeweihte den kleinen Hinweis gebracht, das Musikprogramm der Nacht sei besonders lohnend. Um 0:25 Uhr wurde die erste Strophe verlesen: „Grândola, braungebrannte Stadt, Heimat der Brüderlichkeit. Das Volk ist es, das am meisten bestimmt in Dir, o Stadt." – Zeca Afonso

Nossa Senhora de Guadalupe

Nun geht es weiter nach Westen, nach Finisterra do Sul. Hier verabschiedet sich die Welt. Sicherlich, es gibt ein paar Ortschaften, Espiche, Almadena, Budens, Raposeira, Vila do Bispo, doch die Besiedlung wird spärlicher, und wären da nicht die Sommerhäuser, die sich hier und dort häufen, käme schließlich die große Einöde und Einsamkeit am äußersten Ende der Welt.

Ich besuche die Kapelle Nossa Senhora de Guadalupe, zwischen Budens und Raposeira rechts der Straße nach Vila da Bispo und Sagres, in ländlicher Idylle und offenbar nahezu unbekannt, obwohl komplett renoviert und seit 1998 wieder zugänglich. Sie wurde von Templern im 13. Jahrh. erbaut, die gotischen Spitzbögen und Kapitelle stammen aus dem 14. Jh. Letztere zählen zu den schönsten, die an der Algarve zu sehen sind. Der Bauernhof neben der Kirche wurde zu einem Besucherzentrum umgebaut und beherbergt wechselnde Ausstellungen, derzeit zu Heinrich dem Seefahrer.

Im Kultur- und Brachland der Umgebung fotografiere ich, was noch blüht im Juni: Spanische Golddistel und Kronen-Wucherblume, *Glebionis coronaria var. discolor* (*Chrysanthemum coronarium var. discolor*) mit zweifarbigen Blüten, eine blaue Distel, die ich nicht bestimmen kann.

Finisterra do Sul: Hier endet die Welt

Von Vila do Bispo fahre ich auf einer nahezu schnurgeraden Straße zur Landspitze von Sagres, dann um die Bucht herum zum **Cabo de São Vicente**; schon von weither ist der Leuchtturm sichtbar. Hier kommt der Reisende nicht mehr weiter, jedenfalls nicht zu Land; es ist der Ort, an dem sich *die Welt verabschiedet* (J. Saramago). Das Kap bildet gemeinsam mit der benachbarten Ponta de Sagres die Südwestspitze des europäischen Festlands. Der Algarve endet dort in einer felsigen, bis zu 70 Meter hohen Steilküste mit karger, baumloser Vegetation. Das Kap wird von internationalen Touristen aus dem ganzen Algarv frequentiert. Die Linie des größten Busunternehmens EVA fährt von Portimão über Lagos dorthin. Der Kiosk *Letzte Bratwurst* *vor Amerika* ist ein beliebtes Fotomotiv. Es gibt da auch anderes, man spricht Bayrisch und Deutsch.

Die kleine Halbinsel **Ponta de Sagres** ragt neben dem Ort weit ins Meer und ist durch eine hohe Fortaleza gegen das Festland gesichert. Das *Promontorium Sacrum,* die heilige Halbinsel, ist ein portugiesisches Nationaldenkmal von großer Bedeutung. Der Legende nach soll hier die Seefahrerschule des Infante Henrique bestanden haben.

Die Halbinsel umrundet man auf gutem Weg, ein Kalksteinplateau, das mit 70 Meter hohen Klippen steil ins Meer abfällt. Die Wellen branden da unten gegen den Fels. Man hört nichts. Es ist wie ein Traum. Jedoch: es gibt ein Loch auf dem Plateau, eine Höhlung, die weit in die Tiefe führt und sich ganz offenbar am Fuß der Klippe zum Meer hin öffnet; das Rauschen beim Ein- und Ausströmen des Wassers ist oben zu hören.

Auf dem Promontorium ist die angebliche Windrose Heinrichs, die riesige *Rosa dos Ventos* (15. Jh.) rekonstruiert. Mit ihrer Hilfe konnte man den Kurs der Schiffe bestimmen. Wind und Meer sind günstig, wenn der Wind kräfig von Land her bläst. Dann durfte man die Schiffe auf Entdeckungsfahrt zu den Gewürzen aussenden. Die Igreja de *Nossa Senhora da Graca* ist ein bescheidenes Renaissance-Kirchlein. Die Replik eines Landmarkierungskreuzes, wie es Portugiesen um 1500 in Brasilien aufgestellt haben, erinnert an die Besitznahme dieser großen einstigen Kolonie.

Auf dem Promontorium sind Fauna und Flora geschützt. In Blüte stehen: Ausdauernder Strandstern, *Pallenis maritima;* Strandflieder; Leinblättriger Gauchheil, *Anagallis monelli,* der von Portugal bis Süd-Italien und von Marokko bis Tripolitanien an trockenen, offenen Orten, Acker- und Wegrändern, Brachen und Sandküsten nicht selten ist.

Der Fischerhafen von Sagres - Ein Fischer erzählt

Der Fischerhafen von Sagres heißt **Porto de Baleeira**, er liegt in der Nachbarbucht von Sagres. Hier kann man am Nachmittag den Kuttern zuschauen, die ihren Fang an Land bringen. Wenigstens 15 Boote, die größeren vielleicht 20 Meter lang, zähle ich zwischen drei und fünf Uhr. Touristen stehen herum, schauen neugierig, machen Fotos. Seebrassen und Seebarsche zucken in orangefarbenen Behältern. In einem anderen liegen Muränen, reißen die Mäuler auf, zeigen spitze Zähne, ringen nach Luft. Hummer, Taschenkrebse, Seespinnen greifen mit den Scheren ins Leere. Achtarmige Kraken mit verknoteten Armen äugen. Die Fischer werfen Abfälle ins Wasser. Kreischend kommen die Möwen und holen sich alles von der Wasseroberfläche.

Die **Fischversteigerung** findet in der großen Halle, der *Docapesca,* statt. Ich schleiche mich in die Halle, um zu fotografieren. Nach dem ersten Blitz werden die Arbeiter auf mich aufmerksam und bedeuten mir freundlich aber unmissverständlich, dass ich hier nichts zu suchen hätte.

Nun gehe ich über die Außentreppe der *Docapesca* in den ersten Stock, wo es im Café *A Sereia* große Glasfenster zur Versteigerungshalle im Erdgeschoss gibt. Man sieht, für wie viel Euro der Fisch hier den Besitzer wechselt. Jedes Boot bringt nach Art getrennt seinen Fisch auf das Laufband. Zuerst wird gewogen, und der Versteigerer, der in einem kleinen Kiosk am Computer sitzt, gibt Spezies und Boot ein. Sobald der Fisch vor der Händlertribüne an die Reihe kommt, werden auf einer Anzeigetafel Fischart, Boot, Gewicht der Wannen, Frischegrad, Größe und der Höchstpreis pro Kilo angezeigt. Dann wird abwärts gezählt, bis ein Händler auf seine Fernsteuerung drückt. Wer zuerst drückt, bekommt den Fang.

„Ordentlicher Fang?" frage ich einen Fischer, der gerade sein kleines Boot am Kai vertäut hat. Ich versuche es mit Englisch, es klappt.

„Jeden Tag weniger. Vor ein paar Tagen war es besser. Da hat der Seegang einen Schwarm Sardinen fast in mein Boot getrieben." Jorge heiße er, sagt der Fischer noch. Und: „Ja, es war ein guter Fang vor ein paar Tagen. Aber es war ein seltsamer Tag. Ein plötzliches Gewitter und heftiger Wind. Ungewöhnlich für Juni."

Da kommt der kleine Mario angelaufen. „Ich will auch fischen gehen", ruft er. „Dein Vater und ich nehmen dich zum Fischen mit, wenn du ein bisschen älter bist", verspricht ihm sein Onkel. „Ich hab es dir schon mal gesagt: Wenn du lesen kannst, nehmen wir dich mit." „Ich habe heute in der Schule eine ganze Geschichte gelesen", wendet Mario ein. „Vielleicht in den Sommerferien", erwidert Onkel Jorge. „Das Meer liegt ihm im Blut." Jorge lächelt, als Mario auf der Mole hin und her hüpft. „Aber seine Mutter ist dagegen, dass wir ihn mitnehmen. ‚Was soll er mal mit der Fischerei anfangen', sagt sie immer, ‚er muss lesen und schreiben lernen und einen ordentlichen Job finden, er soll nicht so arm sein wie wir'.

Aber Mario hat nicht viel mit Lesen und Schreiben im Sinn. Er will später auch nicht in einem Restaurant arbeiten, umgeben von vier Wänden und vierzig Tischen, ständig in Eile sein und Tabletts mit Essen und Trinken balancieren. Er will Fischer werden."

„So schlecht geht es uns doch gar nicht", sagt Marios Vater und wischt sich mit den Händen durch die Haare. „Wir haben ein Haus, Elektrizität, Fernsehen, mehr als genug zu essen, Kleidung. Die Zeiten waren schon viel schwieriger. Stimmt doch, Jorge? Aber seine Mutter reitet immer wieder darauf herum, wie viel mehr ihre Schwester besitzt, die mit einem Oberkellner im Casino von Portimão verheiratet ist." Marios Vater geht in die Halle zur Fischauktion. „Komm jetzt, Marinho, „sagt der Onkel, „deine Mutter wird sich Sorgen machen."

Die Westküste: Torre de Aspa – Ein maurischer Walfängerausguck bei der Praia do Amado

Bei Vila do Bispo zweigt eine löchrige Sandpiste ab, die nach acht Kilometern am Miradouro de Torre de Aspa endet. Dort steht nur ein einsames Haus, verlassen und verriegelt. Ich bin ganz allein, die Aussicht ist phantastisch! Ich fahre längs der Küste nordwärts. Von Carrapateira, wo eine gut erhaltene Windmühle einen Fotostop lohnt, führt ein Sträßchen oder ein Wanderweg, je nach Lust und Laune, zu den Klippen bei der Praia do Amado. Auf dem Plateau einer Klippe sieht man die ausgegrabenen Überreste eines Walfischfängerdorfs aus maurischer Zeit, von wo die Bewohner im 12. und 13. Jh. Ausschau nach Fischschwärmen und Walen hielten, die mit Harpunen gejagt wurden.

Aljezur - Maurische Besatzer und deutsche Aussteiger

Schließlich erreiche ich Aljezur, eine Kleinstadt (Vila) mit gut 3.000 Einwohnern im Nordwesten der Algarve. Das alte Dorf über der Ribeira klammert sich ringförmig entlang der Befestigungsmauern an den Hügel. Das alte Rathaus beherbergt heute das Museo Municipal, davor sind Skulpturen des Infante Henrique aufgestellt; er ist das Motto des Jahres am gesamten Algarv. Der neuere Teil des Städtchens, erbaut seit dem schweren Erdbeben von 1755, liegt auf der anderen Seite des Flüsschens. Die Ruine einer maurischen Burg, die vom 10. bis 13. Jh. erbaut wurde, überragt die

Altstadt. Die Außenmauern sind eineinhalb Meter dick, die Ecktürme 9 Meter hoch. In einer großen Zisterne wurde das Regenwasser gesammelt. Eine innere und eine äußere Mörtelschicht machten das Bauwerk wasserdicht.

Aljezur wurde den Mauren 1249 wieder entrissen. Am Ende des 15. Jhs. hatte die Burg ihre militärische Funktion verloren und wurde aufgegeben. Am Flüsschen entstand ein Hafen, der einzige natürliche Hafen der zerklüfteten Atlantikküste südwärts bis Lagos. Der Fluss war schiffbar, bis er im 16. und 17. Jh. versandete. Die Handelskontakte reichten bis Tavira und Lissabon, Flandern und Kastilien. Dabei spielten Tuche eine Rolle, auch getrocknete Früchte, Honig, Olivenöl, Gewürze und Medizinalien. Der Ort ist bis heute ein wichtiges Zentrum für die dünn besiedelte Region.

Seit 1980 zogen viele deutsche Aussteiger hierher; man trifft sie in den Straßen, beim Einkaufen und im Restaurant. Hier erzählt mir eine Deutsche:

„Die Einheimischen waren zu Anfang wenig erfreut über den Zuzug der Fremden. Auch für uns war es nicht immer leicht. Als ich an die Algarve kam, gab es die EU noch nicht. Ich konnte nur ein Touristenvisum bekommen, das immer nur drei Monate gültig war. Damals lebte ich in der Gegend von Lagos. Alle drei Monate fuhr ich mit dem Zug nach Vila Real St. Antonio, der Grenzstadt am Rio Guadiana, um mir einen Ausreise- und einen neuen Einreisestempel in meinem Pass zu holen. Einmal streikte ein großer Teil der Bahnarbeiter, aber man wollte das nicht auf dem Rücken der Leute austragen. Also fuhren einige Züge, aber es mangelte an Bodenpersonal. Also hielt der Zug vor jedem Bahnübergang, der Schaffner stieg aus, hielt den Verkehr an, ließ den Zug passieren und stieg in den letzten Wagen wieder ein. Niemand musste eine Fahrkarte lösen.

Obwohl alle Fenster geöffnet waren, litten die Leute unter der Hitze. Einige saßen bei offener Tür auf den Treppen. Ich setzte dann mit der Fähre über nach Ayamonte, machte einen kurzen Besuch in Spanien, trank einen Espresso und reiste dann wieder nach Portugal ein. Mit meinem frischen Einreisestempel fuhr ich erleichtert zurück.

In der Lagos-Gegend wurde mir der Touristen-Trubel im Sommer bald zu viel. Die Einheimischen sagen: „Vai de embora mes de Agosto", August verzieh dich. In den über-füllten Strandcafés und Restaurants sind Kellner und Köche überfordert. Einkäufe erfordern viel Geduld, oder man muss sich rücksichtslos vordrängen. Brot ist nachmittags oft nur mit Glück oder gar nicht zu bekommen. Am Strand ver-strömen glänzende Leiber einen intensiven Geruch nach Sonnenöl. Verdeckt durch dunkel getönte Sonnenbrillen werden Blicke frech oder verstohlen auf Brüste, Schenkel oder Gesäße geworfen. Hier im Westen ist es stiller, noch.

Die Unruhe unter den Leuten hier in Aljezur hat sich in-zwischen gelegt, und herausgekommen ist ein friedliches Nebeneinander von Einheimischen und Ausländern, die sich längst in den portugiesischen Kleinstadtalltag integriert haben. Seit drei Jahren lebt auch meine Tochter in Aljezur. Sie ist begeisterte Surferin, für sie ist das hier gerade das Richtige; die Strände von Arifana und Monte Clèrigo in der Nähe sind bei Surfern sehr beliebt, und sie kennt schon jetzt viel mehr Portugiesen als ich."

Die Wiedergeburt eines Dorfes: Pedralva

Den Rückweg nehme ich über Aldeia da Pedralva (Aldeia: Dorf, Ortschaft, vom arabischen *ad-Dai'hâ*). Die Piste ist ab der Küstenstraße N268 im Westen bis Budens an der südlichen Küstenstraße sandig und staubig.

Pedralva liegt am Fuß der Serra do Espinhaço de Cão, auf Deutsch: Rücken des Hundes; ihre Hügel erreichen eine Höhe von knapp 300 Metern. In der Serra gibt es Hänge voller Erdbeerbäumen, riesige Eukalyptusbäume und Täler mit kleinen Dörfern. Die Berge sind niedriger als die Serras weiter im Osten, und auch die Böden sind ganz anders, es ist trocken und sandig, entsprechend ist die Vegetation.

Vom rustikalen Restaurant an der Rua de Baixo laufe ich den Hang hinauf, an kleinen Häusern vorbei, zur Kirche. Pedralva war mal ein Bauerndorf, heute ist es ein Feriendorf. Der portugiesische Manager nimmt sich Zeit für mich, nach Pedralva verirren sich (noch) nicht viele. Er erzählt: „Als wir hier anfingen, war Pedralva nur noch eine Ansammlung alter, baufälliger Häuser. Aber die Lage des Dorfs, am Rand des Nationalparks der Serra, ruhig und doch in der Nähe von so vielen ausgezeichneten Stränden, erschien uns sehr attraktiv. Früher einmal hatte das Dorf mehr als hundert Einwohner, zuletzt waren es noch sieben. Die leer stehenden Häuser wurden vernachlässigt und verfielen. Für die wenigen Menschen, die geblieben waren, wurde das Leben immer schwieriger. Vor mehr als vier Jahren machten wir uns an den Wiederaufbau. Der erste und schwerste Schritt von allen war der, den wir die genealogische Rekonstruktion des Dorfes nennen. Allein zwei Jahre hat es gedauert, alle 220 Besitzer und Erben der Grundstücke ausfindig zu machen; sie leben inzwischen in ganz Portugal, in Deutschland, England und Frankreich. Dann haben wir die Häuser so originaltreu wie möglich wiederhergestellt. Jetzt kann man in den ehemaligen Bauernhäuschen Urlaub machen. Wir wollen hier einen langsamen Tourismus, *slow travel*, und *slow food*, Zeit zum Entspannen, kein Stress."

Die Reise ist zu Ende

Muito obrigado, Doris, für die schönen gemeinsamen Tage in der ersten Woche. Ich bedanke mich auch bei unserer kleinen Reisegruppe sowie bei Daniela und Olaf, die uns einige Tage betreut und geführt haben.

Referenzen

Die portugiesische Reise, José Saramago; Hoffman und Campe 2012. Saramagos Reise in einem klapprigen Auto führte vom Norden Portugals über Hunderte von Kilometern bis zum Algarve (*Vom Algarve, von Sonne, trockenem Brot und weichem Brot*). Geleitet von einer zerknitterten Landkarte und spontanen Eingebungen fuhr er durch die Landschaft. Er machte Halt in kleinen Ortschaften, besichtigte Kirchen, Klöster und Burgen oder erfreute sich an kleinen Dingen. Dabei begegneten ihm allerlei Geschichten. Er hat immer wieder das Gespräch mit den Menschen gesucht. Das macht seinen Reisebericht farbig und lebendig. Von den Schönheiten der Natur erfahren wir, wenigstens im Kapitel über den Algarv, leider kaum etwas. Die Originalausgabe erschien 1994 unter dem Titel *Viagem a Portugal*. Datiert sind die verschiedenen Abschnitte der Reise nicht.

Algarve Plants and Landscape – Passing Tradition and Ecological Change, D.J. Mabberley and P.J. Placito (1993).

Zwischen Himmel und Erde – Geschichten aus der Algarve. Ein buntes Bild von der vielsprachigen, modernen Algarve von der britischen Autorin Lisa Selvidge (2008).

Mond- und Schattendüfte. Der Autor, Lutz Faasch, hatte sich an Portugals Südküste niedergelassen und schreibt von den Menschen und dem Zauber der Landschaft (2013).

ALGARVE, M. Müller, Michael Müller Verlag 2011.

Menorca – Natur und Kultur

28.4. bis 5. 5.2013

Die Fremden mit Steinschleudern zu empfangen ist aus der Mode gekommen

Im Jahr 122 v.Chr. steuerten Römer mit Schiffen und Soldaten die Insel an. Sie wurden mit einem erschreckenden Steinhagel begrüßt. Das kam nicht unerwartet, denn die Männer der Insel waren gefürchtete Krieger, die ihre Waffen – Steinschleudern – perfekt beherrschten und ihre Gegner damit in Angst und Schrecken versetzten. Die Inseln hießen nicht umsonst schon damals *Balearen*. Das Wort *Balearides* bedeutet Steinschleuderer.

Dieses fast unheimliche Geschick der Insulaner im Umgang mit Steinschleudern war den Römern bekannt, denn die Menorquiner hatten lange auf der Seite der Karthager gegen sie gekämpft, und der berühmte Feldherr der Karthager, Hannibal, hätte beinahe Rom erobert und das Weltreich an den Abgrund gebracht. Verbürgt ist, dass die Söldner von Menorca eine wichtige Rolle bei den Feldzügen Karthagos gegen Rom spielten.

Die Römer schützten ihre Schiffe mit Fellen, trieben die Verteidiger mit Wurfspießen zurück und nahmen die Insel ein, um sie alsbald dem Römischen Reich einzugliedern. Die Römer führten auch den heutigen Namen ein. Bei ihnen hieß die Insel *Balearis Minor* – kleine Balearen-Insel. Auch Menorcas große Schwester Mallorca – *Balearis Major* – kam so zu ihrer Bezeichnung.

Im 20. Jh. hat der Tourismus die Insel friedlich erobert. Der internationale Flughafen Menorca befindet sich im Osten der Insel, knapp zehn Kilometer südwestlich der Hauptstadt Maó (Mahon). Der Seehafen von Maó, eine sechs Kilome-

ter lange Bucht, ist nach dem Hafen von Sydney der zweitgrößte Naturhafen der Welt. Maó ist durch tägliche Fähr-
verbindungen mit Barcelona, Palma de Mallorca und
Valencia verbunden. Vom Hafen in Ciutadella besteht eine
Verbindung nach Alcúdia auf Mallorca.

Nicht nur blauer Himmel, Sonne, Sand und Meer
„Irland unter blauem Himmel" – so nannten die britischen
Besatzer im 18. Jahrh. die Insel Menorca. Durch zahllose
Steinwälle, sanft gerundete Hügel, saftig-grüne Weiden wie
auf unserer Frühjahrsreise, rätselhafte Megalithbauten sowie unberührte Küstenabschnitte fühlten sie sich fast wie zu
Hause. Wenigstens einen dramatischen Unterschied gibt es
doch: In den Hochsommermonaten wird das Wasser knapp,
der Boden trocknet und reißt auf. Bis auf immergrüne
Bäume und Sträucher verschwindet fast alles Grün. Die
große Dürre kommt über die Insel. Für den Reisenden, der
die Insel nicht im Sommer besucht, wird das am deutlichsten, wenn er ein Luftbild betrachtet. Von Juni bis in
den November ist gelb und schließlich braun die Farbe der
Insel. Mit dem ersten Regen im Oktober ändert sich dies
jedoch schlagartig. Der mallorquinische Winter ist mild und
regnerisch. Die Vegetation erwacht, die ersten Pflanzen beginnen zu sprießen. Die vertrocknete Insel blüht und grünt
wieder bis einschließlich Juni.
Die landschaftliche Vielfalt Menorcas, seine interessanten
Städte und hübschen Dörfer lernen wir auf kürzeren, aber
traumhaften Wanderungen kennen, ebenso ihre wechselvolle Geschichte, in deren Verlauf viele Kulturen ihre
Spuren und Traditionen hinterlassen haben. Zu Fuß und mit
dem Bus gehen wir auf Spurensuche und entdecken die
Jahrtausende alten Kulturwurzeln dieser kleinen Mittel-

meerinsel, eingebettet in einer abwechslungsreichen Landschaft mit zahlreichen versteckten Tälern und unbebauten Buchten mit kleinen Sandstränden.

Wer noch nicht da war, meint vielleicht, dass Menorca wie Mallorca ist, nur eben viel kleiner. Dafür hat Jutta Vaupel, unsere Reiseleiterin, nur ein müdes Lächeln übrig. „Am besten überzeugen Sie sich selbst von der Schönheit der Insel", sagt sie. „Gerne erzähle ich Ihnen aber jetzt schon mehr. Selbst wenn Sie nur eine Woche dagewesen sind wissen Sie: da muss ich nochmal hin!"

Jutta muss es wissen, denn sie lebt schon seit vielen Jahren zusammen mit ihrem Lebenspartner auf der Insel, und zwar in der Nähe von Es Mercadal, einem hübschen Ort am Fuß des Monte Toro. Jutta gehört damit zu den ausländischen *Residenten* aus Mittel- und Westeuropa, deren Zahl sich in den vergangenen Jahren stark erhöht hat. Auf Menorca treten die Residenten allerdings deutlich weniger in Erscheinung als auf Mallorca; noch ist ihr Anteil an der Bevölkerung vergleichsweise gering.

Ciutadella, die Schöne mit spanischem Gepräge
Oft ist auf Menorca die Rede von der Rivalität zwischen Ciutadella, der alten Hauptstadt der Insel ganz im Westen, und Maó, der von den Engländern zur neuen Kapitale erhobenen Stadt am entgegengesetzten Ende der Insel. Es soll Zeiten gegeben haben, in denen die Einwohner von Ciutadella die Konkurrentin Maó nur in allerdringlichsten Angelegenheiten aufsuchten oder um dort die Fähre auf das spanische Festland zu erwischen. Als Bürger des *Städtchens* (das bedeutet Ciutadella nämlich) braucht man jedenfalls schon einen dringenden Grund, um in die Hauptstadt zu fahren.

Ciutadella ist auch ganz einfach die Schönere der beiden Städte. Das liegt am spanischen Gepräge der Altstadt mit den engen Sträßchen und Gassen, die sich zwischen den Stadtpalästen des menorquinischen Adels und repräsentativen Bürgerhäusern, belebten Plätzen und attraktiven Geschäften unter Arkaden hindurch winden. Die vorherrschende Farbe in Ciutadellas Altstadt ist das Braun des Marès-Steins, aus dem fast alle Häuser und auch die Kathedrale erbaut wurden. Britisches wie in Maó sieht man hier eher selten, dafür aber typisch Spanisches, beispielsweise schwarz lackierte Balkongitter und allerlei Nischen mit Heiligenfiguren.

Gegründet wurde die Stadt von den Karthagern, die hier einen Militärposten angelegt haben sollen. Die Römer gaben der Stadt den Namen *Iamona*. Das Römische Reich ging unter, und damit kam für Menorca eine neue Herrschaft, nämlich die der Vandalen, die im 5. Jh. n.Chr. die Insel eroberten und Ciutadella zum Bischofssitz machten. Rund 100 Jahre später kamen dann die Byzantiner, denen die Mauren folgten.

Während der Maurenherrschaft war die Stadt, sie hieß nun *Medina Minurqa*, die einzige größere Ortschaft der Insel. Im Gegensatz zum übrigen südlichen Spanien konnten sich die Araber aber auf den Balearen nicht allzu lange halten. Doch diese Zeit von etwa 900 bis 1232 zählte zur Blütezeit Menorcas. Wie auch in anderen eroberten Gebieten förderten die Mauren die Landwirtschaft und errichteten prächtige Gebäude.

Die christlichen Könige Spaniens wollten natürlich auf die verlorenen Gebiete nicht auf Dauer verzichten. So begannen sie schon bald mit den Versuchen, die Mauren wieder zu vertreiben. Während es bis zum endgültigen Rückzug der Araber bis 1492 dauerte, gelang es den Christen schon viel früher, die Balearen wieder unter ihre Kontrolle zu bringen. Im Jahre 1232 hatte Jaume I., der König von Katalonien, Aragón und Valencia sein Ziel erreicht – und dies sogar ohne Blutvergießen. Er demonstrierte mit zahlreichen gewaltigen Feuern an der Küste Mallorcas seine Macht und schüchterte so die Mauren auf Menorca ein, die sich ihm unterwarfen. Sie konnten jedoch auf der Insel bleiben. Ende des 13. Jahrhunderts war auch das vorbei, Alfonso III. nahm die Insel 1287 endgültig in Besitz und ermordete einen Großteil der maurischen Bevölkerung. Die anderen wurden versklavt. Verwaltet wurde Menorca weiterhin in Ciutadella.

Mit der Entdeckung Amerikas und der Verlagerung der Haupthandelswege verlor Menorca einen Großteil seiner strategischen Bedeutung für die Spanier. So kam es immer wieder zu Überfällen durch algerische und türkische Piraten, die mehrere Ortschaften in Schutt und Asche legten und viele Einwohner als Sklaven verkauften. Eine Änderung trat mit den Kriegen zwischen den französischen Bourbonen und den österreichischen Habsburgern ein. Jetzt waren die Balearen wieder Orte mit großer Bedeutung. Im Frieden von Utrecht wurde Spanien den Bourbonen zugesprochen, Menorca ging jedoch an die Engländer.

Erst während der britischen Herrschaft über die Insel verlor Ciutadella 1722 seine Hauptstadtfunktion an Maó (Mahon). 1795 wurde jedoch das frühmittelalterliche römisch-katholische Bistum wiederbelebt; damit ist Ciutadella zumindest das religiöse Zentrum Menorcas.

Das heutige Stadtbild mit seinen barocken und klassizistischen Adelspalästen und Kirchen ist im Wesentlichen vom 16. bis 19. Jh. entstanden. Es lässt ahnen, dass Ciutadella auf eine glanzvolle Vergangenheit zurückblickt. Höhepunkte sind **die Plaça des Born, das Ajuntament, die Kathedrale, Ses Voltes und Es Port.**

Wer mit dem öffentlichen Bus kommt, steigt an der Plaça dels Pins aus; von hier erreicht man mit wenigen Schritten die Plaça des Born, den hoch über dem Hafen gelegenen Hauptplatz der Stadt. Hier stehen das Rathaus (*Ajuntament*), das Theater (*Teatre del Born*) und die Hauptpost sowie die Adelspaläste *Palau Torresaura, Palau Salort* und *Palau Vivó*. Auf dem Platz wird jeden Freitag und Samstag ein Markt abgehalten. In der Mitte des Platzes steht ein 22 Meter hoher weißer Obelisk (*Piràmide*), der 1857 errichtet wurde. Er erinnert an den Überfall osmanischer Piraten am 9. Juli 1558, die größte Katastrophe in der Geschichte der Stadt Die Freibeuter brannten die Stadt in drei Tagen nieder, sie erlitt schwerste Zerstörungen. Viele Einwohner wurden in die Sklaverei verschleppt.

Das burgartige Rathaus geht auf den Alcázar, die Burg des maurischen Gouverneurs, zurückgeht. Seine heutige Gestalt erhielt das Gebäude ab dem Ende des 19. Jhs. Eine Reminiszenz an die arabischen Ursprünge sind die Hufeisenbögen der Arkaden, während der übrige Bau vom Geist der Neugotik geprägt ist. Eine Freitreppe führt in die Vorhalle, die von Ölportraits spanischer Könige geschmückt wird. Den Atem der Geschichte spürt man auch in dem gotischen Saal, in dem der Rat unter den Portraits der Bürgermeister von Ciutadella zusammentritt und unter ihren strengen Gesichtern über die Geschicke der Stadt beschließt.

Zwischen den hoch aufragenden Fronten der Paläste führt uns der Carrer Major del Born hinein in die fußgängerfreundliche Altstadt; er wird fortgesetzt vom Carrer de Josep Maria Quadrado. Danach führt der Carrer de Maó zur

Plaça Nova und zur Plaça de Alfonso III., wegen ihrer Palmenbepflanzung auch als Plaça de ses Palmeres bekannt, am anderen Ende der Altstadt. Auf dieser Magistrale und in den kleinen Seitenstraßen sind Touristen und Einheimische zum Bummeln und Einkaufen unterwegs, oder sie treffen sich in einer der zahllosen Bars rechts und links. Den Carrer de Josep Maria Quadrado begleiten weißgetünchte Bogengänge (*Ses Voltes*), unter denen feine Boutiquen, ramschige Souvenirläden, Schuhgeschäfte und Bäckereien auf Kundschaft warten.

Nicht weit von der Plaça des Born weitet sich der Carrer Major zu einem kleinen Platz, an dem die wuchtige gotische Kathedrale (Basilika) Santa Maria de Ciutadella steht. Sie wurde von 1302 bis 1362 an der Stelle der abgerissenen arabischen Moschee errichtet. Der Glockenturm steht auf den Fundamenten des ehemaligen Minaretts. Beim türkischen Überfall 1558 wurde auch die Kirche schwer beschädigt. Das neoklassizistische Portal wurde 1813 vorgeblendet. Beeindruckend ist auch der einschiffige Innenraum. Der Kathedrale benachbart ist der Bischofspalast. Wir werfen einen Blick in seinen hübschen Garten, der Bischof indes zeigt sich nicht.

Fünf Gassen münden auf die Plaça Vella, ein Treff- und Verkehrsknotenpunkt für Fußgänger. Die Estatua des Be, die Statue des Hammels mit der Fahne der Johanniter, symbolisiert den Hammelsonntag, den Auftakt für die Festes de Sant Joan. Die berühmten mittelalterlichen Reiterspiele Ende Juni werden vom spanischne Fernsehen landesweit übertragen.

Von der Mauer rechts vom Rathaus an der Nordseite der Plaça des Born hat man einen sehr schönen Blick über den Hafen am Rand der Altstadt. Umgekehrt erkennt man vom

Hafen herauf erst richtig den festungsartigen Charakter des Rathauses. *Es Port* ist eine tief ins Inselinnere sich erstreckende Naturbucht, der Hafen ist klein und eng.

Durch die besondere Lage des Hafens kommt es hier gelegentlich zu einem Phänomen, das als *Rissaga* bekannt ist. Kommen mehrere meteorologische Faktoren zusammen, können im Hafenkanal Tsunami-ähnliche Riesenwellen entstehen. Das Wasser wird erst aus der Bucht herausgesaugt und kehrt als Riesenwelle zurück. So geschehen am 21. Juni 1984, als die Riesenwelle einen Millionenschaden anrichtete und am 15. Juni 2006, als eine Rissaga 30 Boote zum Sinken brachte und 100 weitere beschädigte.

Unweit des alten Hafens wurde ein neues Hafenterminal direkt vor der Küste gebaut. Eine Fährlinie der Reederei Iscomar verbindet Ciutadella von dort mit Alcúdia auf Mallorca und Barcelona auf dem Festland. Der alte Hafen wird nur noch als Marina (Yachthafen) benutzt.

Bahia, ein familiäres Hotel an der Cala Santandria

Die erste Badebucht südlich von Ciutadella ist die Cala Santandria. Lang und schmal schneidet sie ins Inselinnere und endet am 150 Meter langen Strand. Die französische Admiralität hielt diese natürlichen Gegebenheiten für so günstig, dass sie ihrer Invasionsflotte 1756 befahl, hier zu landen. Die Strategie war erfolgreich, die Briten mussten die Insel räumen, für die Dauer des Siebenjährigen Kriegs herrschten die Franzosen. Schon 1763, nach dem Pariser Friedensschluss, wurde Menorca an Großbritannien zurückgegeben. Die Briten zogen eine Lehre: an der Einfahrt zur Cala Santandria errichteten sie den grabenbewehrten Wachturm *Es Castellar*, der noch heute dort steht. Wo im 18. Jh. die französischen Soldaten über den Strand stürmten, steht heute unser Hotel BAHIA. Bahia ist der portugiesischen Sprache entlehnt; *baía* bedeutet Bucht (das h wird nicht gesprochen, die Betonung liegt auf dem i). Von hier, vom Ortsteil Sa Caleta, fahren regelmäßig Linienbusse ins Zentrum von Ciutadella.

Das Strandleben kommt erst Anfang Mai und nur ganz allmählich in Gang. Auf dem Strand liegen um diese Zeit noch große Haufen faulender Seegrasblätter. Überall wird geklopft, gebohrt und gesägt, an den Terrassen der zwei oder drei Hotels, an den Hütten der Verleiher von Sonnenschirmen und Liegestühlen, am kleinen Segelschiff *Poseidon*, das hier seinen Liegeplatz hat.

Der Tag der Steine

Vier Kilometer östlich von Ciutadella liegt die meistbesuchte prähistorische Stätte der Insel, die schiffsähnliche Grabstätte **Naveta des Tudons**. Das Bauwerk erinnert an ein kieloben liegendes Schiff. Es wird in die Zeit zwischen 1500 und 750 v.Chr. datiert. Außen misst es 13 x 6 Meter. Seine Trockensteinmauern und das Dach aus sieben mächtigen Steinplaten sind so errichtet, dass kein Regenwasser ins Innere gelangt. Innen gibt es eine untere und eine obere Kammer. Ausgrabungen brachten Skelettreste von etwa 100 Bestatteten und Grabbeigaben zutage.

Anschließend besuchen wir die Anlage von **Torralba d'en Salord**. Sie wurde ab etwa 1200 v. Chr. erbaut und bis ins 2. Jh. n.Chr. genutzt. Salord, ebenso wie Tudons, bezeichnet den Grundbesitz, auf dem das Bauwerk steht. In Salord steht eine Taula, eine der am besten erhaltenen der Insel, inmitten eines heiligen Bezirks. Eine bronzene Stierfigur, Terrakottagefäße mit Darstellungen der punischen Göttin Tanit und Tierknochen in einer Feuerstelle wurden hier gefunden. Mauern eines Talaiots und ein Hypostylon, ein unterirdischer Säulengang, wurden freigelegt. Die Funktion dieser mit Erde abgedeckten künstlichen Höhle ist nicht geklärt; war sie Grabstätte, Vorratskammer, Wohnung?

Auf Menorca sind 64 Navetas nachgewiesen, über 30 Taules und circa 300 Talaiots, das sind turmartige Bauwerke mit zahlreichen Kammern. Sie gehören zur sogenannten **Talaiotkultur**. *Talaiot* wird vom arabischen Wort *atalaya* abgeleitet; so bezeichneten die maurischen Eroberer diese Bauten.

Die Talaiotkultur setzte ungefähr um 1500 v.Chr. ein. Damals muss sich ein sozialer und wirtschaftlicher Wandel vollzogen haben. Einfacher Ackerbau kam auf, dazu Tier- und Vorratshaltung, neuartige Bauwerke wurden vermehrt errichtet. Das Ende der Talaiot-Kultur wurde erst durch die römische Kolonisation ab 123 v.Chr. eingeläutet.

Weitere sehenswerte talaiotische Siedlungen sind die von Son Catlar, Trepucó und Torre d'en Gaumés. Son Catlar ist von einer 870 Meter langen Zyklopenmauer umgeben. Ein einziges Tor ist erhalten. Die Siedlung war von 2000 v.Chr. bis ins 3. Jh. v.Chr. bewohnt. Etwa zwei Kilometer südlich des Stadtzentrums von Maó findet man Taula und Talaiot von Trepucó.

Die größte Talaiot-Siedlung auf Menorca ist **Torre d'en Gaumés** auf dem Gemeindegebiet von Alaior. Hier stößt man auf die Relikte zahlreicher talaiotischer Bauten, die eng aneinander gebaut waren, eine veritable kleine Stadt. Ein typisches Wohnhaus mit zwei Räumen, Vorratskammern und Hof steht gleich am Eingang. Bemerkenswert ist auch der halbunterirdische Säulengang, der 5 x 6,5 Meter misst. Fünf Wand- und zwei zentrale Steinsäulen tragen die mächtigen Deckplatten. Die Siedlung wurde bei Ankunft der Römer verlassen, aber bald ließen sich wieder Menschen nieder und lebten hier bis in die islamische Zeit.

Noch mehr Vorgeschichte lernen wir auf der Wanderung zu den Höhlenbuchten **Cales Coves** kennen. In die Doppelbucht mit den Cales Coves münden zwei Barrancs; der Abstieg von der Straße nach Porter aus ist steil, aber gut zu bewältigen. Die versteckte Lage der Doppelbucht machte sie schon im Altertum zum beliebten Ankerplatz, über den die Römer anfangs ihre Versorgung abwickelten. Lange davor bestatteten hier die Ur-Menorquiner in Felshöhlen ihre Toten. Fast 100 Grabhöhlen für Einzel- und Sammelbestattungen schlugen sie seit etwa 1000 v.Chr. in den Fels. Der Eingang vieler Höhlen ist verrammelt, eine Maßnahme, mit der Anfang 2000 die Behörden dem Treiben von hier lebenden Althippies ein Ende machten.

Käse und Gin, Mayonnaise, Abarcas und Amargos

Trotz reichlicher Niederschläge im Winter ist Ackerbau auf der Insel kaum möglich, weil von den porösen Böden die Feuchtigkeit nicht gespeichert wird, wogegen in den Senken Lehmböden zu Staunässe und Versumpfung führen. Die bedeutendste Rolle in der menorquinischen Landwirtschaft spielt daher die Rinderhaltung, die in der britischen Besatzungszeit eingeführt wurde, und die Milchwirtschaft. Auch die Schafhaltung ist verbreitet. Die Kühe auf der Insel geben eine besonders schmackhafte Milch, angeblich deshalb, weil der Regen, der auf die Kuhweiden fällt, vom Meer mit Salz und anderen Mineralien angereichert ist.

Der traditionelle Käse der Insel ist der **Queso de Mahón**. Er ist in Spanien einer der meistverkauften Käse. Das Endprodukt hat die Form eines Quaders mit abgerundeten Kanten und besitzt eine feste, fettige und glatte Rinde, deren Farbe unterschiedlich ist, von gelblichweiß bis hellbraun. Die weiße bis gelbliche Käsemasse mit unregelmäßigen kleinen Löchern ist fest und trocken. Der Geschmack variiert je nach Reifegrad von leicht säuerlich bis würzig. *Semicurado* reift zwei bis fünf Monate, *curado* fünf bis zehn und *viejo* mehr als zehn Monate.

Da auch der prächtigsten Kuh und dem fettesten Schaf einmal das Fell über die Ohren gezogen wird, hat sich eine Lederindustrie entwickelt. Vor allem wurden Schuhwerkstätten und Schuhfabriken gegründet; im 19. Jh. lebte fast die Hälfte aller Menorquiner direkt oder indirekt von der Schuhherstellung. Die Schuhproduktion heute wird auf zwei Millionen Paar pro Jahr geschätzt. Der ureigenste Beitrag Menorcas zur Schuhmode sind die **Abarcas**, leichte Sandalen aus Rindsleder, in Handarbeit hergestellt. Die charakteristische Profilsohle dieser Kultsandale stammt aus recycelten Autoreifen.

Die britischen Soldaten auf Menorca haben reichlich Wein, Branntwein und **Gin** getrunken, Versorgungslisten belegen es. Da spielte es keine Rolle, dass das britische Parlament mehrmals im 18. Jh. die Herstellung und den Verkauf von Gin durch Gesetze verbieten ließ (Gin-Acts von 1736 und 1751), weil im übermäßigen Genuss des Wacholderschnapses eine Hauptursache für die Kriminalität in der Hauptstadt London gesehen wurde. Aber London war weit, und so wurde auf Menorca eifrig Gin produziert. Der schmeckte offenbar auch den Malorquinern, und noch heute gilt Gin als Nationalgetränk der Insulaner. Seine Besonderheit besteht darin, dass nicht Alkohol aus Getreide, sondern Traubenalkohol bei der Herstellung verwendet wird. Da auf der Insel inzwischen nicht mehr genug Wacholder wächst, werden die Wacholderbeeren aus den Pyrenäen eingeführt.

Keine Sorge, Sie haben nicht den neuesten Hit verpasst, **Salsa de Mahón**, oder Salsa Mahonesa, ist keine menorquinische Variante des lateinamerikanischen Gesellschaftstanzes. Es ist jene dickflüssige, kalt hergestellte Sauce auf der Basis von Eigelb und Öl, mit Zitronensaft bzw. Essig leicht angesäuert, zuweilen mit Knoblauch gewürzt, die *Mayo*.

Über die Erfindung der Salsa Mahonesa kursieren diverse Legenden. Verbreitet ist die Auffassung, dass Mayonnaise ihren Ursprung auf den Balearen hat und ihr Name sich von der Hafenstadt Mahón (Maó) ableitet. Am 28. Juni 1756 kapitulierte dort die britische Besatzung der Festung St. Philipe vor angreifenden französischen Truppen unter der Führung eines Herzogs von Richelieu. Zur Feier des französischen Sieges sei zum Festmahl eine kaltgerührte Sauce serviert worden, die damals in der französischen Küche noch gänzlich unbekannt war.

Ob die Sauce nun tatsächlich eigens zur Ehrung des Herzogs von Richelieu kreiert wurde, oder ob die Bevölkerung während der Belagerung einfach aus der Not eine Tugend machte und zusammenrührte, was gerade da war, lässt sich kaum noch rekonstruieren. Die Mahonesa muss jedenfalls dem Herzog vortrefflich gemundet haben, denn er nahm das Rezept mit in seine Heimat Frankreich, von wo aus sie dann als *Mayonnaise* ihren Siegeszug um die ganze Welt antrat.

Aus diesem Blickwinkel betrachtet, könnte man fast behaupten, die Salsa Mahonesa sei die bedeutendste spanische Erfindung seit der Inquisition, und während letztere lediglich das finstere christliche Mittelalter in Europa betraf, hat die Sauce von den Balearen die verschiedensten Kulturen unserer gesamten Erdkugel beeinflusst.

Glaubt man jedoch dem Etymologischen Wörterbuch der deutschen Sprache, so sind beide Varianten dieser Herkunftslegende nicht sehr wahrscheinlich. Vermutet wird stattdessen eine sprachliche Ableitung aus dem französischen Verb *mailler* (deutsch: schlagen), da die Mayonnaise ja geschlagen wird. Einer anderen Anschauung zufolge ist die Mayonnaise aus der katalanischen *Aioli* hervorgegangen, die durch Mörsern hergestellt wird. Nach dem Grundrezept wird fein zerstoßener Knoblauch mit Olivenöll zu einer Emulsion aufgeschlagen und anschließend mit Salz abge-schmeckt. Aioli wurde bereits im Jahr 1024 erstmals schriftlich erwähnt. Wie auch immer, die Mayonnaise hat den Namen der menorquinischen Hauptstadt in alle Welt getragen. Nur kaum einer weiß es.

Die kleine Ortschaft **Es Mercadal** liegt ziemlich genau in der Inselmitte am Fuß des Monte Toro. Hier finden wir die auf der ganzen Insel und darüber hinaus bekannte Zuckerbäckerei *Ca's Sucrer*, die feinstes Gebäck, traumhaften Konfekt und köstliches Zuckerzeug herstellt: Carquinyols (Zitronenkekse), **Amargos** (Mandelmakronen) und den feinsten Torròt cremat (Nougatähnliche Tafeln). Schon so manchen Besucher musste man aus C'as Sucrer, C. Nou, 46, mit Gewalt wieder herausziehen.

Nebenbei: Die größte Sehenswürdigkeit von Es Mercadal neben der Zuckerbäckerei ist eine riesige Regenwasser-Zistern, *Aljub*. Sie wurde im frühen 18. Jh. auf Anordnung des britischen Gouverneurs gebaut, um Truppen und Reisende auf halbem Weg zwischen Maó und Ciutadella mit Wasser zu versorgen.

Tramuntana - Der Norden und Nordosten der Insel
Das Innere der Insel ist ein sanftes Hügelland, das vor allem als Viehweide und zum Anbau von Klee und anderen Futterpflanzen genutzt wird, nur der zentral gelegene Monte

Torre ragt mit 357 Metern Höhe wirklich daraus hervor. Die Regionen zur Küste hin werden nach den Seewinden benannt, die Tramuntana im Norden und der Migjorn im Süden. Nicht nur klimatisch, sondern vor allem auch geologisch sind diese beiden Gebiete völlig verschieden. Die Grenze verläuft ungefähr entlang der ME 1, der Hauptstraße von Maó nach Ciutadella.

Der wasserarme Inselnorden ist aus sehr alten Gesteinen aufgebaut. Die ältesten sind rund 400 Millionen Jahre alt, sie stammen aus dem Devon. In Folge von Faltungsvorgängen ist eine schroffe Landschaft mit Schieferformationen entstanden, wie sie besonders deutlich am **Cap de Favàritx** im Nordosten zutage treten.

Die kahlen Schieferfelsen um den Leuchtturm von Favàritx sind nicht nur der erdgeschichtlich älteste Teil der Balearen. Hier weht auch der Tramuntana, der von Norden aus dem Rhonetal einfallende trockene und kalte Wind, besonders stark.

Gesteine aus dem Jura und rötlichbraunen Buntsandstein lernen wir westlich von Fornelis kennen.

Das **Cap Cavalleria**, hauptsächlich aus Jurakalken aufgebaut, bildet den nördlichsten Zipfel von Menorca und gleichzeitig der gesamten Balearen, ein Nordkap am Mittelmeer. Es ist eine langgestreckte Landzunge, die am Nordende fast 90 Meter hoch ist und steil zum Meer abfällt. An der höchsten Stelle des Felsvorsprungs, genau neben den Steilfelsen, steht der Leuchtturm von Cavalleria, einer der ältesten Leuchttürme von Menorca. Er wurde 1858 errichtet, um Seefahrer auf die vor ihnen liegende gefährliche Nordküste Menorcas aufmerksam zu machen, die vom Tramontana-Wind umpeitscht wird und schon unzählige Schiffbrüche gesehen hat.

Nicht weit vom Leuchtturm entfernt findet man in westlicher Richtung die Reste eines Standorts der Küstenartillerie, die dieses Gebiet während des Spanischen Bürgerkrieges schützen sollte. In diesem Krieg war Menorca die einzige Insel des Archipels, die sich in den Händen der Republikaner befand. Vom Cap Cavalleria genießt man einen herrlichen Blick auf die Nordküste von Menorca, von Fornells im Osten bis zu den Steilfelsen in der Nähe von Vall im Westen. Abgesehen von den Wohnsiedlungen nahe bei Tirant und Platges de Fornells ist dies ein fast unberührter Küstenabschnitt.

Vom Cap Cavalleria wandern wir zu den Buchten von Cavalleria und Binimel.lá und zur **Cala Pregonda**. Hier wird die Küste hauptsächlich von gelben und roten Buntsandsteinformationen gebildet. Die Strände mit hellem und rotem, grobkörnigem Sand sind wunderschön, vergleichsweise einsam, mit klarem Wasser und einer teils bizarren roten Felsszenerie. Von der Cala Pregonda kann man noch beliebig weit nach Westen wandern; der Cami des Cavalls macht es möglich. Bemerkenswert sind die langgezogenen Dünenketten von Cavalleria und nahe bei der Cala Tirant bzw. der Cala Binimel.là. Unabhängig von der Ausrichtung der Küstenlinie verlaufen sie parallel zur vorherrschenden Windrichtung, weshalb sie einzigartig auf den Balearen und dem Grossteil des westlichen Mittelmeerraums sind. Vorherrschende Pflanzenarten sind Meerlilie und Seedistel.

Die Südküste – Schluchten, Badebuchten, Höhlen und eine Diskothek

Im Gegensatz zum Norden besteht der größte Teil der Insel, besonders der Süden, aus Kalkstein (Kalksandstein, Kalkmergel, Marès), der vor etwa 20 Millionen Jahren entstanden ist. Tief in den Kalkstein eingeschnitten sind Schluchten, die Barrancs, 20 bis 40 Meter tiefe Sturzwasssergräbe. Die Barrancs bieten Platz für fruchtbare Feldchen und eine üppige Vegetation und öffnene sich an der Küste zu idyllischen Buchten. Kiefernbestände mit Aleppokiefer und Pinie reichen manchmal bis unmittelbar an die Küste heran. Wo es feuchter ist, gedeihen Steineichenwälder mit eingestreuten Erdbeerbäumen. Nur in diesen windgeschützten Barrancs des Südens gibt es auf Menorca auch Orangen- und Zitronenplantagen.

Im wenig bebauten Westen der Südküste erwandern wir die hübschen Buchten Cala Santa Galdana (nur sie ist bebaut), die Doppelbucht Cala Macarelleta/Cala Macarella und die Cala'n Turqueta. Es geht rauf und wieder runter und rauf und ...; wir nutzen den **Cami de Cavalls**. Dieser Pferdeweg wurde von den französischen Besatzern angelegt, um die Küsten zu überwachen. Heute ist er ein schöner, durchgehend markierter Wanderweg um die gesamte Insel.

Durch die Schlucht von Binigaus (**Barranc de Binigaus**) gelangen wir zur Cova dels Coloms, der Taubenhöhle, die schon von Steinzeitmenschen besiedelt war. Wir erreichen sie auf einer etwas abenteuerlichen Wanderung vom Dorf Es Migjorn Gran aus (die kleinste Gemeinde Menorcas nennt sich *der große Süden*). Wir laufen fast eben in südlicher Richtung, bis uns ein Schild mit dem handgepinselten Hinweis *Cuevas* hinunter in die Schlucht weist.

Das Barranc de Binigaus wurde, wie fast alle Schluchten auf der Südseite, früher wegen des günstigen Kleinklimas landwirtschaftlich genutzt, wovon alte Terrassenmauern Zeugnis ablegen. Die Landwirtschaft wurde längst aufgegeben, wir erleben eine idyllische, abgeschiedene Schlucht mit wilder, üppiger Vegetation.

Nach dem Abstieg geht es noch einmal aufwärts, bevor wir den Eingang zur **Cova dels Coloms** erreichen, die größte Höhle Menorcas; die Halle erreicht eine Höhe von 24 Meter. Zahlreiche Funde belegen die prähistorische Besiedlung. Jetzt ist die Höhle, die allgemein nur *die Kathedrale* heißt, bei der Inseljugend als idealer Platz für Feste beliebt. Wir marschieren vollends hinunter zum Meer und erreichen den stillen Strand von Binigaus. Am Meer entlang kann man zu den noch einsameren Buchten Cala Escorsada und Cala Fustam laufen. Wir wenden uns am Strand nach Osten und gehen über die Punta Rabiosa weiter nach Sant Tomás mit längen Stränden und Hotels.

Die Wanderung zu den Höhlenbuchten **Cales Coves** wurde schon beschrieben. Der Aufstieg von den Cales endet kurz vor dem Parkplatz für die **Cova d'en Xoroi** über der hier bis zu 90 Meter hohen Steilküste. Die Wanderung beschließt man am besten mit einem Absacker in einer der Bars der Cova d'en Xoroi, die derzeit die bekannteste **Diskothek** der Insel beherbergt. Um die Höhle rankt sich die Geschichte vom einohrigen Schiffbrüchigen Xoroi, der einsam hier hauste und von den umliegenden Gehöften sein Essen stahl.

Der heilige Berg der Menorquiner
Nahezu im Zentrum der Insel erhebt sich über Es Mercadal der **Monte Toro**, mit 357 Metern der höchste Berg Menorcas. Eine gut ausgebaute Straße windet sich hinauf. Vom Gipfel bieten sich herrliche Ausblicke über die gesamte Insel. Legenden erzählen, warum er Toro heißt und der heilige Berg der Menorquiner ist. Sprachwissenschaftler sagen, der Name komme vom arabischen Wort *al tor,* was nichts anderes als ‚höchster Berg' bedeutet.

Oben breitet ein segnender Christus seine Hände aus; phantasievolle Menschen wagen den Vergleich mit der Statue über Rio de Janeiro. Die Kirche ist ein Pilgerziel. Kirche und Konvent sind in der Obhut von Franziskanerinnen.

Der Naturpark S'Albufera des Grau

Die Albufera des Grau (von arabisch *Al-Buhayra* = Lagune) ist nach der Albufera von Mallorca das zweitgrößte Feuchtgebiet der Balearen und wurde 1995 zum Naturpark erklärt. Eine abwechslungsreiche Wanderung führt uns durch die Landschaften dieses Naturparks über Feldwege, Küstenpfade und Strände bis zum kleinen Fischerdorf Es Grau. Feuchtgebiete, Weide- und Kulturland wechseln ab mit Macchie, Garrigue, Kiefernwäldern, felsigen Küsten und schmalen Stränden. Roter Milan, Steinadler, Wanderfalke, Blässhühner, Enten, Strandläufer, Rallen, Graureiher, Kormorane und Fischadler sind hier ebenso zuhause wie Kaninchen, Marder, Schildkröten, Eidechsen und Nattern. Charakterpflanzen sind der wilde Ölbaum, Mastixstrauch und verschiedene Wolfsmilchgewächse. In der salzhaltigen Lagune, die über einen schmalen Kanal eine Verbindung zum Meer hat, leben Seebarsch, Meeräsche und Aal.

Die Inselhauptstadt Maó

Der Aufschwung der Stadt begann unter der **Herrschaft der Briten** im 18. Jh. Aus strategisch-politischen Gründen wurde Maó 1722 zur Hauptstadt erklärt. Der englische Gouverneur förderte die Viehwirtschaft, wodurch es nicht nur den Einwohnern von Maó, sondern der gesamten Insel relativ gut ging.

Diese Zeit dauerte rund 50 Jahre, dann ging es richtig hin und her. 1756 brachten die Franzosen Menorca unter ihre

Kontrolle – allerdings nur für die Jahre des Siebenjährigen Krieges, dann kamen die Engländer zurück. Die konnten die Insel allerdings auch nur bis 1782 halten, dann hatten die verbündeten Spanier und Franzosen die Oberhand. Menorca fiel an Spanien, das aber 1798 wieder den Engländern das Feld überlassen musste. Die Entscheidung kam 1802, im **Friedensvertrag von Amiens** ging Menorca endgültig an Spanien und gehört seitdem, wie die anderen Inseln der Balearen auch, zum spanischen Staat.

Den Einwohnern Menorcas brachte die Zugehörigkeit zu Spanien erst einmal keine Vorteile. Im Gegenteil, der von England freigegebene Handel mit Getreide und Hülsenfrüchten wurde verboten, was eine große Krise auf Menorca auslöste und viele Inselbewohner in die Armut stürzte. Das Resultat war eine Auswanderungswelle, ein Viertel der Bewohner ging ins Ausland, vor allem nach Algerien. Nach 1850 ging es wieder aufwärts, die Wirtschaft wuchs. Das lag auch an den ersten Betrieben, die auf der Insel entstanden, vor allem Textil- und Schuhindustrie.

Nächstes einschneidendes Ereignis war der **Spanische Bürgerkrieg** von 1936 bis 1939. Er endete mit dem Sieg General Francos. Damit wurde eine mehrere Jahrzehnte dauernde Diktatur errichtet. Menorca unterstützte die Republikaner, während die anderen Balearen auf Francos Seite standen. Menorca war auch die letzte Station der Republikaner; sie ergab sich 1939 den Truppen Francos.

Mit Francos Diktatur wurden Autonomie-Bestrebungen und regionale Besonderheiten unterdrückt. Erst nach dem Tod Francos und der eingeleiteten Demokratisierung erlangte Menorca einen Autonomiestatus. Wirtschaftlich ging es der Bevölkerung von Menorca allerdings auch in den Jahren der Diktatur nicht schlecht. Grund war der beginnende

Tourismus, der auf Menorca schon seit 1950 rapide zunahm und sich zu einem florierenden Wirtschaftszweig entwickelte. Glücklicherweise sorgte die Regierung der Balearen aber gut für den Schutz der Natur – so stehen rund 43 % der Fläche Menorcas unter Naturschutz. Heute hat sich der Tourismus als eine der wichtigsten Garantien für eine positive wirtschaftliche Entwicklung der Insel etabliert und sorgt für einen relativ stabilen Wohlstand.

Der Autor will es nicht dabei bewenden lassen, Mahón (katal.: Maó) als Namensgeberin von Käse (Queso de Mahón) und Mayonaise zu erwähnen. **Maó ist mehr**, zumal die Inselhauptstadt alles andere als eine Zwillingsschwester von Ciutadella ist. Heute, als pulsierendes bürgerliches Zentrum, vereint Maó englischen Stil mit mediterraner Atmosphäre.

Wir verlassen den Bus an der Plaça de s'Esplanada, wo heute, an einem Samstag, ein Kleider-, Leder- und Haushaltswarenmarkt stattfindet. Mittendrin vergnügen sich die Kinder mit Ballspielen, rundum sind die Bars und Cafès gut besucht. An der Placa beginnt der Carrer de ses Moreres, *die* Shopingmeile von Maó, mit Schuh- und Modegeschäften. Die Straße ist gesäumt von Maulbeerbäumen (daher der Name), die gerade ausschlagen.

Wir gehen weiter in die Carrer Hannover, der Name ist eine Reminiszenz an das britische Königshaus. Hier steht die Casa Moncada mit einem typischen und besonders schönen englischen Erkerfenster, ein *bow window*. Nun kommt die Hauptkirche von Maó in Sicht, Santa Maria, mit dem achteckigen Turm. Der Bau entstand nach Zerstörung früherer Kirchen zwischen 1748 und 1788 in einem Stilmix aus gotischen, barocken und klassizistischen Elementen als einschiffige Hallenkirche. Gegenüber setzt das rotweiße Gebäude der Principal de Guardia, die Stadtwache der Briten, einen farbigen Kontrast zum Marès-Braun der Kirche, hinter der die dreibogige Fassade des Rathauses hervorschaut. Gleich oben an den Treppen zum Hafen hinunter steht Can Mir, ein hohes, blassgelbes Gebäude aus dem Jahr 1918, ein schönes Beispiel katalanischen Jugendstils, dessen verspielte Fensterfront den englischen Stil der Erkerfront zitiert. Über die Costa de ses Voltes gelangen wir zur Anlegestelle der Yellow Catamarans, von wo wir nochmals zurückschauen auf die steil ansteigende Stadt mit dem Haus Can Mir und der alles überragenden Kirche Santa Maria.

Empfehlenswert ist die Rundfahrt durch den **Port de Maó**; er ist einer der größten Naturhäfen der Welt, sechs Kilometer lang, bis zu einem Kilometer breit. Der genuesische Admiral Andrea Doria (1466-1560) soll gesagt haben, er kenne nur vier taugliche Naturhäfen: Juni, Juli, August und die Bucht von Maó. Als Krönung der starken Befestigungsanlagen gilt das Castell de Sant Felip, eine der größten Festigungsanlagen Europas überhaupt.

Marés und die Pedrers

Die gesamte Insel überzieht ein dichtes Netz oft mannshoher Trockensteinmauern. Diese sollen eine Gesamtlänge von 15.000 Kilometern haben. Die Mauern fassen Landparzellen ein, auf denen Vieh weidet, Getreide, Futterpflanzen, Obst und Gemüse angebaut werden. Die Mauern sind allesamt ohne Mörtel errichtet. Sie halten den Wind ab und bewahren das Erdreich vor Erosion. Seit den 1980er Jahren stehen sie unter Denkmalschutz.

Die Trockensteinmauern sind das Werk spezialisierter Handwerker, der Pedrers. Sie verwenden Marés, Kalkmergel, ein relativ weiches Gestein. Professionell abgebaut und geschnitten, ist es ein hervorragendes Baumaterial, weshalb es für zahllose Bauten auf der Insel verwendet worden ist. Im 18. Und 19. Jahrhundert war Marés sogar ein wichtiger Exportartikel. Vor allem im Süden der Insel und in der Gegend um Ciutadella sieht man noch zahlreiche Kalksteinbrüche. Der Stein wurde auch unter Tage abgebaut, dabei sind gewaltige Hallen im Fels entstanden.

Einen aufgelassenen unterirdischen Steinbruch kann man in der Nähe von Maó besichtigen, die Pedreres de Robadones. Die Hallen beherbergen das Museu de ses Barques, ein Schiffsmuseum, das sich allerdings in keinem guten Zustand befindet. Nicht weit von Ciutadella erreicht man den Steinbruch Pedreres s'Hostal, in dem zwei Jahrhunderte lang bis 1994 Marés gebrochen wurde. Der Verein *Lithica* hat daraus eine Attraktion gemacht. Seit 1995 ist **Lithica Ses Pedreres** als kulturelles Erbe geschützt und als Museum frei zugänglich.

Wissbegierigen Touristen und neugierigen Kindern zeigt das Freilichtmuseum die technischen Geräte, die in den vergangenen Jahrhunderten dazu dienten, den Kalkstein abzubauen. Den Kindern bietet es ein steinernes Labyrinth. Auch einen üppig bepflanzten botanischen Garten, der die einheimischen Pflanzen präsentiert, finden wir hier. Besonders eindrucksvoll zeigen sich die Steinbrüche in den Abendstunden, wenn sie in der hereinbrechenden Dunkelheit stimmungsvoll mit Scheinwerfern ausgeleuchtet werden. Lithica Ses Pedreres ist auch ein Ort der Kultur, an dem Künstler vor der beeindruckenden Kulisse auftreten und auch Konzerte geben.

Referenz
Menorca. Baedeker. 4. Aufl. 2011

Kalabrien – unbekanntes Italien am Rande Europas

31.5. bis 14.6.2009

Was uns erwartet

„Kalabrien? Keine Ahnung, wo das liegt", sagte meine Enkelin. Eine Kollege wusste besser Bescheid: „Kalabrien? Da treibt doch die N´dranghetta ihr Unwesen, noch schlimmer als die Mafia auf Sizilien!" Auf den Gedanken, dort Ferien zu verbringen, war noch niemand gekommen, dem ich von meiner Reise an die Westküste Süditaliens erzählte. Dabei ist es inzwischen recht einfach, von Deutschland nach Kalabrien zu gelangen, seit es den internationalen Flughafen in Lamezia Terme gibt.

Am ersten Morgen in Kalabrien sitzen wir schon früh auf der Hotelterrasse über dem Tyrrhenischen Meer, schlürfen Kaffee, essen Croissants und genießen den Blick über den Golf von Policastro mit den Bergen des Cilento und Lukaniens im Hintergrund. Ein wunderbares Licht lockt zum Malen und Fotografieren. Zum Strand aus körnigem Sand und feinem Kies bräuchte man nur den Treppenweg durch den Pinienhain hinabsteigen. Dann könnten wir uns bräunen lassen, unter einem der Sonnenschirme, die sich mit ihrem dunklen Blau abheben von dem hellen Blau und Türkis der See und dem fast weißen Saum aus Wasser und Luftbläschen, der ständig in Bewegung ist, hin und her driftet, sich auftürmt und wieder zusammenfällt, im Rhythmus der anbrandenden Wellen.

Aber zum Faulenzen sind wir nicht hergekommen. Wir wollen die alten Ortschaften an der Küste erkunden und auf einen der Berge steigen, die nur wenige Kilometer vom Meer entfernt und doch schon weit über Tausend Meter hoch sind. Malerische Dörfer in den Tälern und an den Berghängen des Hinterlands erwarten uns. Wir werden im Bergland des Pollino-Nationalparks unterwegs sein, dem größten Italiens; er ist so groß wie alle terrestrischen Nationalparks in Deutschland zusammen. Kaum begangene Wege führen in die Bergwälder, über karge Hochebenen mit uralten Baumriesen, über verlassenes Kulturland und Wiesenmatten mit seltenen Pflanzen, in die Kamm- und Gipfelregionen des Hochgebirges, das im Monte Pollino (2248 m) seinen höchsten Punkt erreicht.

Grazie, Pino

Aber erst einmal hat uns Pino mit seinem blauen Kleinbus am Flughafen erwartet. Er brachte die kleine Reisegruppe zum Standquartier für die nächsten zwei Wochen, dem Hotel Guardacosta am Ortsrand von Cirella in der Provinz Cosenza, 130 Kilometer nördlich von Lamezia. Dort empfing uns Hans, ein sonnengebräunter Hüne aus dem Harz mit weißem Haar und Bart, Reiseleiter, Wanderführer, Fahrer unseres zweiten Kleinbusses, Dolmetscher, Schriftsteller, Historiker, ein Kenner der Region.

Pino ist auch weiterhin unser Fahrer. Er bringt uns zu den Ausgangspunkten unserer Wanderungen und holt uns am Ende wieder zuverlässig ab. Bei diesen Fahrten hat er außer uns noch eine wertvolle Fracht an Bord: saftigsüße Orangen für den Rucksack und die Zutaten für das tägliche Picknick, bei dem ein paar Flaschen Rotwein nicht fehlen dürfen.

Pino ist ein leicht ergrauter, rustikal wirkender Herr um die sechzig, der ein gewichtiges Bäuchlein vor sich herträgt und den wir uns ohne seine imposante Sonnenbrille, hoch- oder herunter geklappt, ganz nach Bedarf, gar nicht vorstellen können. Pino spricht weder deutsch noch englisch, dennoch versteht man sich. Er ist sonst ein eher ruhiger Typ, aber hinter dem Steuer voller Ungeduld. Gern fährt er Tempo 80, obwohl 50 erlaubt ist. Wenn die Ampel auf Grün umspringt, gibt er sofort Gas, und seine Hand ist schon kräftig auf der Hupe, auch wenn er weit hinten in der Warteschlange steht, damit die Vorderen ja nicht versäumen, sofort zu starten. Nur am Berg, das merken wir später, da muss er sich gedulden, da muss er das Letzte aus seinem *Iveco* herausholen und schafft den Anstieg doch nur mit Mühe.

Nun ist Pino nicht einfach ein Fahrer. Nein, er ist ein selbständiger Unternehmer, er betreibt ein Fuhrgeschäft, zu dem außer dem Bus auch ein Lastkraftwagen gehört.

„Wenn Pino nicht gerade Touristen fährt, ist er mit dem Lkw regelmäßig zwischen Süd- und Norditalien unterwegs", erzählt Hans. „Viele Kalabresen haben ihre Heimat verlassen und sind ins reiche Norditalien ausgewandert, wo es besser bezahlte Arbeit gibt. Aber das, was für den Süditaliener besonders wichtig ist, die vielen heimatlichen Zutaten nämlich, die man zu einem guten Essen braucht, das gibt es dort nicht. Dafür, dass es den Auswanderern dennoch an nichts mangelt, sorgt nun Pino. Frisches Gemüse, Obst und Kräuter, Orangen, Oliven und Öl, vor den großen Festtagen auch mal eine Wagenladung frisch geschlachteter Ziegen finden durch ihn den Weg nach Norden."

„Pino wäre kein guter Unternehmer, führe er die 1000 Kilometer ohne Ladung zurück. Im Süden gibt es dankbare Abnehmer für gebrauchte Kühlschränke, Waschmaschinen, Fernseher, die man im Norden zu günstigen Preisen kaufen kann und die gleichwohl noch gut erhalten sind. In den kalabrischen Haushalten werden sie dann weiter betrieben, bis sie auseinanderfallen."

Grazie, Cirella

Cirella, ein kleiner Ort von ursprünglichem Charakter und ebensolchen Bewohnern, liegt auf einer felsigen Halbinsel, direkt am Meer. Am Corso Vittorio Veneto, der Hauptstraße, gibt es einige Läden, Restaurants und Bars, wo sich die einheimischen Männer im Schatten von Bäumen zum Reden und Kartenspielen treffen. An der kleinen Piazza steht die Kirche St. Maria dei Fiori, die in ihrem neuen Putz gelblichweiß in der Sonne erstrahlt. Die Piazza befindet sich *in recostruzione*, seit Jahren übrigens, weil ein Gerichtsbeschluss die Fortführung der Arbeiten über lange Zeit blockiert hat; Ausschreibung und Auftragsvergabe sollen nicht korrekt gewesen sein. Wir kommen vorbei am Clubhotel mit altem Baumbestand im Park, der frei zugänglich ist, und am Palazzo Duccale, heute ein gepflegtes Hotel, früher ein Sommerpalast am Meer, den sich der Herzog von Meirá 1753 bauen ließ.

Der Corso ist weniger breit, als man vermuten könnte, und ein Stück weit Einbahnstraße. Allein die Linienbusse haben Ausnahmerecht, ein Schild weist darauf hin: *Eccetto bus e scholabus*, sonst müssten sie sich durch verwinkelte schmale Gassen zwängen. Verkehrsstaus sind unter diesen Umständen unvermeidlich. Wenn am einen Ende der Linienbus in das Einbahnstraßenstück einfährt, kommen währenddessen vom anderen Ende noch ständig weitere Autos, denn deren Fahrer können den Bus zunächst nicht sehen. Nun blockiert man sich gegenseitig. Das nun einsetzende Hupkonzert ruft alsbald den Carabiniere auf den Plan. Seine große Stunde schlägt; mit der Trillerpfeife und durch heftiges Gestikulieren gelingt es ihm, nach und nach das Chaos aufzulösen. Aber bevor er den Verkehr wieder freigibt, ist noch ein kleiner Schwatz mit dem Busfahrer angesagt.

In den Gärten Cirellas wachsen Orangen und Zitronen, Tomaten, Chilischoten und Bohnen, die kräftig gedeihen wie
alles, was hier aus einer Handvoll Erdreich unter einer
segensreichen Sonne sprießt. Die Maulbeerbäume tragen
schon ihre süßreifen weißen Früchte, die wir direkt vom
Baum naschen. Bougainvilleen blühen in kräftigem Rot und
Violett, Hibiskus und Wandelröschen in vielerlei Farben,
blassblau die Bleiwurz aus dem Kapland, feurigrot der
Granatapfel, weiß die großblütigen Magnolien. Strelitzien,
Hortensien und *Agapanthus*, die afrikanische Liebesblume,
schmücken die Beete. Von den Mauern hängen blühende
Zweige des Kapernstrauchs. Kanarische Dattelpalme, Fei-
genopuntie und die Lampenputzerpflanze *Callistemon* sind
nicht selten. Wo sie kann, rankt die Prunkwinde, und der
vielblütige Jasmin verströmt seinen süßlichen Duft. Da und
dort wächst noch einer der früher zahllosen Olivenbäume;
sie sind jetzt alt und knorrig und stehen ein wenig verloren
hier herum. Am Pfad, den wir meerwärts zu den bizarr geformten Klippen gehen, fallen Strandflieder, Tausendgüldenkraut, gelber Hornmohn, nickendes Leimkraut, weiß-
blühende Myrten, blaue Wegwarten und das leuchtende
Gelb des Pfriemenginsters ins Auge. Mauereidechsen mit
grünen Streifen auf dem Rücken huschen über die Steine.

Aufstieg zu den Ruinen des mittelalterlichen *Cirella vecchia*

Cirella hat eine lange Geschichte. Das *Cerillae* der Antike
gehörte als griechische Kolonie zu *Magna Graecia*. Reste
der antiken Siedlung sind ausgegraben worden. Zwei
Säulenstümpfe sind auf der Piazza vor der Kirche aufgestellt. Weitere Funde liegen in den Museen von Reggio di
Calabria und Tarent.

Auf einer Bergkuppe über dem heutigen Ort ragen die Ruinen des mittelalterlichen *Cirella vecchia* gespenstisch in den Himmel. Seine Bewohner, Fischer und Bauern, konnten sich hier oben besser vor Piraten und türkischen Invasoren schützen als unten an der Küste – einer Küste, wo über Jahrhunderte jedes fremde Segel am Horizont Plünderung, Zerstörung, Mord und Verschleppung in die Sklaverei bedeuten konnte. Erst die Truppen Napoleons schafften es, das Wehrdorf endgültig zu zerstören.

Bevor ich mich auf den Weg zu der verlassenen Bergfeste mache, besorge ich Proviant. In der Gemüseecke des **Alimentari**-Ladens duften Kräuter, Obst und Salate. Ich kaufe gelbe Mispeln (*mespilli*), die, wie der Chef sagt, aus Japan kommen; hier in der Gegend seien fast alle Mispeln am Baum vertrocknet. Dann spricht er von „cento anni"; vielleicht will er mir sagen, dass ich hundert Jahre alt werde, wenn ich viel Gemüse esse und reichlich von seinen frischen Kräutern nehme. „Erba" und „verdura", das erkenne ich in seinem Redeschwall mehrmals wieder, und dann hält er dieses und jenes fuchtelnd erst sich selbst und dann mir unter die Nase. Ich sage „grazie" und wieder „grazie" und nochmals „grazie". Schließlich einigen wir uns auf eine Portion saftiger Tomaten, die mich vermutlich neunzig Jahre alt werden lassen.

Die Asphaltstraße mag ich nicht hinaufgehen, ein Wiesenweg führt mich in eine Schlucht und dann weiter aufwärts. Die Vegetation wird dichter. Blauviolett blühen Flockenblumen und Disteln, goldgelb das Stechende Sternauge und andere Korbblüten, rosafarben die wilden Malven, blau und weiß der Natternkopf, leuchtend gelb die Sträuße des Pfriemenginsters. Ein verfallener Stall ist meine Landmarke für den Rückweg, später. Die letzten Meter sind mühsam;

die Sonne brennt vom Himmel, ich klettere über Felsen und arbeite mich mit bloßen Händen durch ein Dickicht von kratzenden Sträuchern, Brombeerranken und Spanisch Rohr. Meine nackten Beine sind zerkratzt. Dann ist es geschafft.

Zwischen altem Gemäuer, vorbei an einer Kirchenruine, steige ich auf zum ehemaligen Kastell, wo mich eine Rundsicht auf Meer und Berge belohnt. Landeinwärts fällt der Blick auf die Vacutaschlucht und die Bergdörfer Meirá und Grisolia. Bei einem späteren Ausflug werden wir von Meirá auf einem alten Maultierweg in die Schlucht absteigen und auf verlassene Wassermühlen treffen. Dann wird es wieder hinauf zum kühn auf einem Bergrücken liegenden Grisolia gehen, vormals ein Hirtendorf, nun gerne von Touristen aufgesucht.

Bald stoße ich auf ein lang verlassenes Klosteranwesen. Die Mauern sind grob aus Felsbrocken und Feldsteinen aufgeführt wie alle alten Mauern hier. Die Dächer sind löchrig oder eingestürzt. Nicht ohne einen Schauer der Ehrfurcht trete ich in die Halle der einstigen Kirche des Konvents des Hl. Franziskus von Paola. Die frommen Brüder unterhielten hier ein Spital, abseits der Ansiedlungen; Kranke wurden abgesondert, man konnte ja nie wissen.

Das Städtchen Diamante – Madonnenlegenden, Peperoncini und die *Murales*

Das nächstgelegene Städtchen ist Diamante mit Altstadt, engen Gässchen und einer schönen Uferpromenade. Besucht ist der Ort wegen der Wandmalereien an den Schaufronten vieler Häuser, wie sie in geringerer Zahl auch in Cirella zu sehen sind. Die *Murales* von Diamante wurden von Künstlern geschaffen, die sich 1981 hier trafen. 1986 kamen dann noch Dichter, die nun literarische Spuren an Wänden und Mauern hinterließen.

Diamante ist ein Zentrum des Chili-Anbaus. Die Chili-Schote ist hier unter dem Namen **Peperoncini** bekannt. Peperoncini hängen in großen Bündeln überall an Hauswänden zum Trocknen. Es gibt ein Peproncini-Festival und ein Peperoncini-Museum, dieses allerdings in Meirá im ehemaligen Palazzo duccale.

Diamante zählt zu den Top-Ferienorten der kalabrischen Küste. Im Hochsommer, in der Zeit des *Ferragosto*, sorgen Diskotheken für Unterhaltung auch der ausgelassensten Art. Jetzt ist es beschaulich. Wir sitzen im Café Nini und essen ein ganz besonderes Eis.

Am höchsten Punkt von Diamante erhebt sich die barocke Kirche. Eine Legende rankt sich um die Altarfigur der ***Madonna dell' Immacolata Concezione***. Vor der Küste von Diamante soll ein Schiff in Seenot geraten und manövrierunfähig geworden sein. Zur Schiffsladung gehörte eine Statue der Muttergottes. Auf Anweisung des Kapitäns brachte die Besatzung die Figur in die Ortskirche. Und, oh Wunder, das Schiff konnte wieder flott gemacht werden. Nun wollten die Bewohner von Diamante die Statue unbedingt behalten, weil sie von ihrer Wunderkraft überzeugt waren, womit der Kapitän aber zuerst nicht einverstanden war. Als tags darauf der Pfarrer die Madonna mit einer zum Himmel geöffneten Hand wiederfand, waren dann alle überzeugt davon, dass auch die Madonna ihr Verbleiben in der Kirche guthieß. Fortan erflehten die Gläubigen von ihr Schutz vor allen Plagen, besonders vor Krieg, Pest und Erdbeben.

Eine andere Geschichte erzählt man sich von der *Madonna della grotta* im Sanktuarium von Praia a Mare. Hier soll die heidnische Schiffsbesatzung einer Statue der Madonna die

Schuld am Auflaufen ihres Schiffes auf ein Felsriff gegeben haben und wollte sie ins Meer werfen. Aber der Kapitän, ein frommer Mann, verhinderte dies und ließ sie stattdessen an Land in eine Grotte bringen. Das Schiff konnte wieder in See stechen, und noch heute pilgern Gläubige zu der wundertätigen Madonna.

Mit dem Linienbus gelangt der Urlauber bequem von Diamante zurück nach Cirella. Man kann auch zu Fuß gehen, so wie meine Freundin Doris und ich, es sind ja nur vier Kilometer, immer parallel zur Wasserlinie, über die Kiesel und Steine des Strands. Doris ist bald vor mir, der Abstand zwischen uns wird größer. Eigentlich hatte ich mir gemütliches Schlendern mit Händchenhalten vorgestellt.

Doris verschwindet schließlich in der Ferne. Haben meine Schuhe schon jemals so viele Steine und Steinchen getreten? Ich suche Streifen größerer Steine, auf denen ich besser vorankomme als auf den kleinen, weil sie weniger leicht wegrutschen.

Hin und wieder werfe ich einen Blick auf das Strandleben. Ein Herr liest Zeitung, Buben tollen mit ihrem Ball, Frauen bräunen sich, Kinder buddeln im Sand. Fliegende Händler, afrikanische Typen, bieten Tücher, Sonnenbrillen, Bänder, Kettchen feil. Zuweilen frage ich mich, ob ich überhaupt vorankomme. Doch, die Häuser von Diamante sind schon kleiner geworden, aber die Ruinen auf dem Hügel über Cirella liegen in unverminderter Ferne. Die Isola linkerhand mit dem verfallenen Turm ist auch kaum näher gerückt. Wenn ich erst mal auf gleicher Höhe mit der Insel wäre, hätte ich einiges geschafft.

Irgendwann ist es so weit. Die Strandbar von Cirella wird sichtbar, und wer sitzt da, bereits beim zweiten Bier? Da setze ich mich doch dazu.

Im Tal des Fiume Lao – alte Wege, Grotten und Steinzeitmenschen

Das Bergland ist durchzogen von wasserreichen Tälern und tiefen Schluchten, schroff steigen Felswände aus dem Grün des mediterranen Steineichenwalds. Die Flüsse, die von dort kommen, haben in der Ebene gewaltige Schottermassen abgelagert, durch die sie sich vielarmig winden

Vor den Völkern des Mittelalters und der Antike waren bereits andere in dieser Gegend. Wie überall in Europa finden sich auch in Kalabrien Zeugnisse steinzeitlicher Bewohner, so im Tal des Fiume Lao, in der **Grotta del Romita**, einer Karsthöhle mit Tropfsteinen oberhalb des Bergnests Papasidero. Was von den Menschen blieb, wurde später von eingeschwemmtem Erdreich und Geröll metertief zugedeckt. Die Ausgräber fanden Skelette von Menschen, von Wolf, Hirsch, Gemse und Bergmufflon, und sie entdeckten die Zeichnung eines männlichen Urrinds (*Bos primigenus*), kraftvoll im Ausdruck, wohlproportioniert, vor rund 13.000 Jahren in den Fels geritzt, die älteste vorgeschichtliche Tierdarstellung dieser Art in Italien.

Von der Grotte wandern wir talabwärts. Der Weg ist einer der ältesten Europas: zuerst Handelsweg für Salz, Feuerstein und Obsidian, dann Handelsstraße zwischen den Griechenstädten am Golf von Tarent und denen am Golf von Policastro, mithin die wichtigste Verbindung zwischen dem jonischen und dem tyrrhenischen Meer.

Der Weg verläuft hoch über dem Fluss und führt durch mediterrane Macchia, bestelltes oder auch aufgelassenes Gartenland, schattige Steineichenwälder und immerfeuchte Schluchten, in denen üppige Lebermoose, Moosfarne und der Hirschzungen-Farn gedeihen. Aus den Wäldern ragen Felswände empor, versteinerte Korallenriffe aus der Jurazeit; darüber erheben sich kahle Bergkuppen. Der Lao fließt mal sanft plätschernd, wo das Tal sich weitet, mal schießt er gurgelnd unter steilen Felsabstürzen dahin. Schließlich steigen wir ab zur Kirche *Santa Maria di Constantinopoli*, hineingebaut in eine Felsengrotte, in der vor Zeiten ein Einsiedler gehaust hat.

Dann geht es noch einmal hinauf, nach **Papasidero**: schmale, verwinkelte Gässchen und Treppchen, immer wieder Treppchen, heruntergekommene, teils verlassene Häuser, mal ein Topf am Hauseingang mit einer dürftigen Geranie, als ob die Bewohner diesen Ort schon aufgegeben hätten, seit sie immer älter wurden und die meisten Jungen fort gezogen sind. Hoch über den Häusern steht die Kirche San Constantino – Papasidero ist eine byzantinische Gründung – und ganz oben auf einem Felsklotz ein Campanile und die Ruinen des mittelalterlichen Kastells.

Buonvicino im Corvinotal und San Ciriaco Abate

Über das Wohl des Bergdorfs **Buonvicino** im Corvinotal wacht San Ciriaco Abate. Er hat Mitte des 10. Jh.s hier gelebt und die Bewohner zu guter Nachbarschaft angehalten. Seine acht Meter hohe Büste aus Bronze steht riesengroß auf einem schweren Betonsockel über dem Dorf auf einer Felsklippe. Dort löste sich 2006 ein tonnenschwerer Brokken, ausgerechnet am 17. September, dem Festtag des Heiligen, und fiel auf den Dorfplatz. Ein Wunder! Niemand in der Menschenmenge, die zum Fest gekommen war, wurde verletzt. Die Stelle des Einschlags ist noch zu sehen, der Felsbrocken wurde ein paar Meter zur Seite gerückt.

Von der Kapelle der Madonna della Neve weit oberhalb des Orts steigen wir auf einem alten Pilgerweg durch den Wald ins hintere Corvinotal ab. Wir gelangen zu der verlassenen

Hirten- und Waldarbeitersiedlung Serrapotolo und lagern auf der Wiese vor dem verfallenen Schulhaus. Bis in die 1960er Jahre kam die Lehrerin jeden Tag auf dem Esel heraufgeritten. Wir wandern zur Kapelle bei der Eremitengrotte von San Giriaco und weiter am Bach entlang talauswärts. Ein bisschen wird's abenteuerlich: Wir müssen den Bach, der reichlich Wasser führt, mehrmals überqueren; einige balancieren geschickt von Stein zu Stein, andere waten barfuß hindurch. Halt! Jemand muss nochmal zurück, ein Wanderstiefel ist drüben liegen geblieben.

In Buonvicino ist Mauricio zuhause, auf den Wanderungen unser zweiter Führer neben Hans. Meist geht er schnellen Schrittes vorneweg, angefeuert besonders von unseren Schwabenmädels. „Mir hen extra trainiert", erklären sie, lernen aber schnell, dass Wandern im manchmal schwierigen Gelände etwas anderes ist als sportliches Gehen auf bequemen Wegen. Mauricio ist Mitglied im Club Alpino Italiano und ausgebildeter Wanderführer. Sein deutscher Wortschatz ist etwas größer als der von Pino: „Gah mr" (italienisch *abbiamo*) oder „Schnecke" für solche wie mich, die Langsamen in der Wandergruppe. Während Mauricio vorauseilt und die Gruppe sich auseinanderzieht, bildet Hans den Schluss, so dass alle gut ans Ziel kommen.

Mauricio betreibt die kleine Landwirtschaft der Eltern, während seine sieben Geschwister alle weggezogen sind. Im Winter ist er staatlich bestellter Kontrolleur des Olivenanbaus. Der wird vom Staat subventioniert; die Kontrolleure sollen Schwindler unter den Olivenbauern entdecken, die mehr Bäume angegeben haben als vorhanden sind.

Mauricio ist noch unbeweibt, obgleich nicht mehr der Jüngste, aber weil er keine feste Anstellung hat, schwer zu verheiraten, was hier noch vielfach die Eltern besorgen. Gut wäre ein Job im öffentlichen Dienst, etwa die angesehene Position eines Busfahrers im Personenverkehr.

Im Tal des Argentino: Orsomarso mit dem *Torre horologico*

Orsomarso, eingezwängt zwischen Berghängen und Felstürmen im Tal des Argentino, ist ein besuchenswerter Ort am Rande des Nationalparks und doch nicht weit von der Küste entfernt. Die alten Häuser des Ortskerns schmiegen sich an die Hänge bis hinauf zur Piazza Municipal. Dort steht die Kirche mit dem Campanile und einem nachträglich gebauten, im Stil unpassenden Portal. An der höchsten Stelle des Platzes erhebt sich das ehemalige Herrenhaus aus der Renaissancezeit. Dahinter ragt steil eine Felsnadel in die Höhe, auf ihrer Spitze steht der *Torre horologico*, ein Türmchen mit einer großen Uhr, Ziffernblatt und die Zeiger sind weithin sichtbar. Vor Zeiten war dies die einzige Uhr im Ort. Der Zugang war nur vom Palazzo des Feudalherrn möglich. So war dieser nicht nur der Brotherr, der Besitzer des Landes und der Wälder und der einzige Arbeitgeber, sondern auch der Herr über die Zeit seiner Untertanen.

Geriet er vielleicht in Versuchung, durch einen Eingriff in den Gang der Uhr den Tag, den Arbeitstag seiner Untertanen also, zu verlängern und zum Ausgleich die Nacht ein wenig zu kürzen, damit sie noch mehr Fronarbeit leisteten? Hatten nicht anderswo die Herren übermäßig schwere Gewichte zum Abwiegen von Korn, Kartoffeln und Fleisch benutzt, um ihren Teil an der Arbeit der Bauern zu mehren?

Im Pollino-Nationalpark

Wir fahren hinauf in die Berge von Orsomarso bis zu den welligen Hochflächen von Scorpani, 1000 Meter hoch. Dort

beginnt der steile Aufstieg, durch Wälder und über Kalk-
trockenrasen mit reicher Flora, vorbei an Dolinen und über
Bergrücken, bis wir über einer fast senkrecht abstürzenden
Felswand stehen, in der sich Kiefern und Steineichen fest-
krallen. Viele hundert Meter unter uns fließt der Argentino.
Um zu prüfen, wie weit ich schwindelfrei bin, trete ich so
nahe an die Kante, dass meine Schuhspitzen darüber hin-
ausragen, achte nicht auf die angstvollen Warnungen der
anderen. Als ich in die Tiefe schaue, merke ich, dass deren
Sog nicht mehr als ein leichtes Ziehen in meinen Unter-
beinen bewirkt, eben noch spürbar genug, um mir vorstellen zu können, wie mörderisch das ausarten müsste, wenn
einer nicht gänzlich schwindelfrei ist.

Die waldreichen Höhen über den Tälern von Abatemarco,
Argentino und Lao sind eines der größten menschenleeren
Gebiete Italiens, Rückzugsräume für Wolf, Wildkatze, Ad-
ler, Falken, Schwarzspecht und Eulen. Kaum zu glauben:
Früher gab es in den Wäldern Straßen, Schienen, Seilbah-
nen und Siedlungen, in denen hunderte Waldarbeiter lebten.
Nach 1960 wurden Holzfällerei und Siedlungen gänzlich
aufgegeben, auch die meisten Wege, als hier gleichzeitig
die Landwirtschaft auf kargen Feldern und die Rinder-
haltung zu Ende gingen. Mitglieder des Italienischen
Alpenvereins und Langzeitarbeitslose haben Teile des alten
Wegenetzes wieder begehbar gemacht. Es sind die einsti-
gen Wege der Holzfäller, Köhler, Hirten und Bauern, der
Tagelöhner, Wanderarbeiter und Pilger, oft auch die von
Briganten und Banditen.

Das Pollino-Massiv ist das höchste Gebirge Süditaliens und
Herzstück des Nationalparks. Eine artenreiche Flora und
Fauna hat sich in schwer zugänglichen Zonen erhalten. Am
Colle d'Impiso beginnt in 1400 Metern Höhe unsere Wan-

derung in dieses Gebiet. Der Weg führt anfangs unter dem Steilhang des Monte Pollino entlang. Auf alten Maultierpfaden steigen wir durch Wald zu den Piani del Pollino empor, einem durch die Gletscher der letzten Eiszeit geformten Hochtal. Wir überschreiten die Waldgrenze und gehen, vorbei an mächtigen Panzerkiefern, zum Gipfel der **Serra di Crispo** (2050 m) hinauf. Die Sicht ist heute nicht so umfassend wie an sehr klaren Tagen. Der Dunstschleier, der sich in den Weiten zusammenwebt, entzieht die ferneren Berge unserem Blick.

Wie steht es um den **Naturschutz** im Nationalpark? Wir sehen Hänge, wo der Wald vor kurzem abgebrannt ist. Fahrlässigkeit, Brandstiftung? Die Täter bleiben unerkannt. Mafiose Brandstifter könnten damit rechnen, an Programmen zu Wiederaufforstung beteiligt zu werden und daran zu verdienen. Wir queren einen Kahlschlag, die Bodenerosion hat eingesetzt. Die Fläche gehört der Kirche, der Bischof hat das Holz verkauft, eine Genehmigung der Parkverwaltung soll ihm nicht vorgelegen haben. Will, kann sich die Behörde mit der Kirche anlegen? Wir treffen auf Viehherden; Rinderbarone treiben ihre Tiere in die Grashänge der leichter zugänglichen Randgebiete. Durch die Beweidung verschwinden schöne Orchideenbestände in einer Region, die nach EU-Recht als Flora-Fauna-Habitat-Gebiet (FFH) ausgewiesen ist. Behördliche Anzeigen unterbleiben, die Viehhalter könnten durch ein wenig Zündeln im Wald Rache nehmen nach dem Motto: „Das habt ihr nun davon!"

Kochen mit Signora Maria und Essen in der Trattoria von Signor Filippo

Bei Cirella bewirtschaften die Signora Maria und ihr Sohn einen Bauernhof. Sie bauen Oliven, Wein, Getreide und

Gemüse an, halten Schweine, Ziegen und Hühner. Maria hat uns eingeladen, mit ihr zu kochen. Fusilli soll es geben, Spiralnudeln. Aus Hartweizenmehl, Wasser und Salz kneten wir einen Teig, ohne Eier, weil das Mehl genügend Kleber-Eiweiß enthält. Später rollen wir ihn zu Fäden aus und wickeln diese um Grashalme; die Spiralen entstehen. Noch für eine Viertelstunde müssen die Fusilli ins siedende Wasser. Gemüse und Tomatensauce hat Maria schon zubereitet, guter Wein steht auf dem Tisch. Buon appetito!

Ein anderes Mal lassen wir uns in der Trattoria von Signor Filippo in Grisolia mit kalabrischen Spezialitäten und gutem Rotwein vom Fass verwöhnen. Jede der Schüsseln und Platten, die nach und nach auf den Tisch kommen, wird lustvoll begrüßt. Aber Maßhalten kann nichts schaden, mit Olivenöl hat der Koch nicht gespart, das bekommt nicht jedem.

El Guardacosta

Am letzten Tag stehe ich wieder auf der Hotelterrasse vor der kleinen Messingtafel. Sie ist mir schon am ersten Tag aufgefallen. Nun lese ich den eingravierten Text: *El Guardacosta – Ulivo secolare che, isolato e maestoso sul promontorio, serviva da punto di riferimento per pescatori e naviganti per il quale era conosciuto come.* Noch einmal schaue ich mir den Baum an, den uralten Ölbaum, Jahrhunderte alt. Mein Blick geht hinunter, dorthin, wo einst aus der Tiefe der junge Baum emporgewachsen ist, gewaltig in die Höhe und Breite in all der Zeit, bevor Hotel und Terrasse über ihm gebaut wurden.

So weit die Menschen zurückdenken können, hatte dieser Ölbaum einsam und majestätisch hoch am Hang über dem Meer gestanden, dort, wo drunten die Fischer am Morgen von der nächtlichen Ausfahrt zurückkamen, ihre Boote auf den Strand zogen, die Fracht ihrer Netze auf Eselskarren verluden und zum Markt fuhren. Schon von weit draußen auf dem Meer konnten die Fischer und Seeleute die Guardacosta erspähen. Dort, wo sie emporragte, war das Land, das sie erreichen mussten. Da stand sie, die Wächterin der Küste, und trotzte lange allen Stürmen und Unwettern. So lange, bis vor Jahren der Blitz einschlug und sie auseinander riss. Ihr Innerstes lag nun offen, sie fing an zu modern und morsch zu werden. Aber sie gab nicht klein bei, sie hatte ja Söhne. Die mächtigen Äste beider Hälften wuchsen weiter in die Höhe, grünten fort, verzweigten sich mächtig und bildeten eine neue Krone. Ihre einstige Bedeutung hat die Guardacosta gleichwohl längst eingebüßt. Das neue Hotel – es trägt ihren Namen – überragt den Baum, und Fischer gibt es hier schon lange nicht mehr

Referenzen

de.wikipedia.org/wiki/**Kalabrien**
de.wikipedia.org/wiki/Nationalpark_**Pollino**

Zahlreiche **Kalabrien-Reiseführer** im Buchhandel

Lykien - Türkische Südküste
Wandern, Baden, Antike
24.6. bis 8.7. 2007

Ankunft in Kas

An einem frischen Juni-Sonntagmorgen starten wir in Düsseldorf, wie üblich mit Verspätung; daran seien die Russen schuld, heißt es; immer mehr Flugzeuge aus Russland flögen an die türkische Mittelmeerküste, und ihre Unpünktlichkeit führe zu einem Chaos im dortigen Luftraum. Aber wir kommen doch an und sind gegen Mittag im glühendheißen Antalya. Nach einigem Suchen entdecken wir unseren Reiseleiter Ugur Akyüz, unseren Fahrer Achmed und ein Grüppchen anderer Reiseteilnehmer.

Auf der Fahrt von Antalya längs der Südküste nach Westen machen wir Rast an einem Forellenhof in den Bergen mit einer munter sprudelnden Quelle. Dass gegrillte Bach-Forellen unsere erste Mahlzeit in der Türkei sein würden, damit hatte wohl keiner gerechnet. Das Zicklein-Kebab mundet ebenfalls vortrefflich. Wir lernen auch gleich, dass es in den nächsten zwei Wochen sehr wichtig sein würde, immer einen ausreichenden Wasservorrat mit sich zu führen.

Von der Autostraße hoch am Berg blicken wir zum ersten Mal auf Kas hinunter und hinüber zur Halbinsel (türk.: Yarimadasi) Cukurbag, die weit ins Meer hinausragt. Dort soll unser **Hotel *Arpia*** liegen.

Nach unserer Ankunft und der freundlichen Begrüßung durch Elif, die Hotelmanagerin, und das weitere Hotelpersonal besichtigen wir die gemütliche Terrasse mit einem kleinen Pool hoch über dem Meer und unsere Badestelle. Wir sind erfreut zu hören, dass außer unserer 15-Personen-Gruppe niemand im Hotel wohnt.

Ich beziehe **mein Zimmer** mit Dusche und WC, Air Condition und Balkon mit seitlichem Meerblick, einfach und doch stilvoll. Dazu gehört noch ein großer, wunderbar altertümlich wirkender, aber sehr effektiver Ventilator. Mein Zimmer wird sich als sehr ruhig gelegen erweisen, was dem Vernehmen nach nicht für alle Zimmer gilt, wenn es spät abends noch laut auf der Terrasse ist.

Neben dem seitlichen Meerblick bietet das Zimmer noch andere Blicke. Das Nachbarhaus ist noch ein Rohbau. Zum Glück ruhen die Bauarbeiten während des Sommers. Wer kaufen will, kann nach eigenen Vorstellungen und Wünschen fertig bauen. Ich werde nicht kaufen.

Nach der anderen Seite gewinne ich Einblicke in das Leben einer türkischen Urlauberfamilie. Mitteilenswert ist die Nachtvorstellung. Wenn es draußen dunkel geworden ist, wird unter heller Beleuchtung noch kräftig im Pool geplanscht, der Vater mit dem Söhnchen. Die Mutter sitzt derweil auf der Terrasse, züchtig in Stoffe gehüllt vom Scheitel bis zur Sohle. Vor den Mücken ist sie jedenfalls geschützt!

Im Zimmer bleibt es meist auch nachts sehr warm, wenn man nicht ständig die Klimaanlage in Betrieb haben will, und der Schlaf ist zuweilen unruhig. Manchmal hält ungewohntes Krabbeln, Summen oder Flattern wach. Ein Kratzen und Scharren unter der Tür lässt mich aufstehen und nachschauen. Ein stattlicher Hundertfüßler flieht aus dem Licht und sucht Schutz hinter dem Schrank. Am Morgen entdecke ich seine nächtliche Beute unter dem Türblatt. Die Ameisen haben von dem toten Insekt schon kaum mehr etwas übrig gelassen. Spannender als ein Fernsehkrimi! Leider wollte sich gerade bei mir keine der schönen langbeinigen Zebraspinnen einfinden.

Die **Mücken** hält Autan im Stift und aus der Flasche auf Distanz, doch nicht ständig und nicht an jeder Stelle. Doris, die sonst so hungrig nach frischer Luft ist, brennt Abend für Abend ihre Räucherstäbchen ab; dabei muss das Fenster selbstverständlich geschlossen bleiben, sonst verflüchtigt sich das Kampfgas.

Statt zur chemischen Keule greife ich manchmal zu bewährten mechanischen Mitteln: eine Ausgabe der ZEIT dient als Mückenklatsche. Ganz so schlimm wie bei Nuweiba am Roten Meer vor zwei Jahren wird es aber nicht. Dort hinterließ ich die frisch geweißten Wände bei meiner Abreise besät mit zahllosen rotschwarzen Flecken, Beweise für erfolgreiche nächtliche Jagden nach den blutdürstigen Parasiten. Ein Moskitonetz wäre nicht schlecht gewesen!

Frühstück und Abendessen nehmen wir draußen auf der **Terrasse** ein mit Blick auf Meer und Berge. Die Küche ist türkisch. Elif erläutert jeden Tag die Speisenfolge; sie zelebriert das in einer unnachahmlich charmanten und gekonnten Weise. Beim Essen leisten uns Spatzen und Wespen Gesellschaft. Wenn man sie lockt, kommen die Vögelchen auf den Tisch geflogen und holen sich Krumen. Die Wespen kommen auch ohne Einladung. Wenn man sie lässt, führen sie uns vor, wie sie aus dem Fisch geschickt kleine Bröckchen herausschneiden, die oft so schwer sind, dass sie sich damit kaum mehr in die Lüfte erheben können.

Zu unserer **Badestelle** führen vierzig Stufen hinab, dann sind wir am Wasser. Die Küstenfelsen sind gelb und scharfkantig, zerfressen von Wind und Salzwasser. Über Treppchen und Metalleitern gelangen wir dennoch gut ins Wasser. Nur bei stürmischem Wetter verlangt der Einstieg einigen Wagemut. Im Wasser unter uns wabern braune Algenbüschel hin und her, festgewachsen auf den Felsen. An der

Wasserlinie überziehen krustige Kalkalgen den Fels mit einem roten Belag.

Während einige aus der Gruppe sich auf den kleinen, in den Fels betonierten Terrassen bräunen oder versuchen, unter den Sonnenschirmen etwas Schatten zu ergattern, schwimmen andere hinaus ins Meer. Das Wasser ist so klar, dass unsere Schatten auf dem Meeresboden mitschwimmen, zu großen Kraken verzerrt. Eine Taucherbrille, Schnorchel und Flossen haben nur drei mitgebracht. Sie aber sind begeistert von dem, was es unter Wasser zu sehen gibt. Leider fehlt ein Buch. So wird ein kleiner Fisch schnell zum Schwertfisch erklärt, und ein anderer mit etwas vorstehendem Maul erhält den Phantasienamen Trompetenfisch.

Gibt es Haie? Wir fragen nicht, bekämen gewiss auch nur eine ausweichende Antwort. Wenn welche vorbeikämen, könnte es gefährlich werden, das Wasser ist tief bis an die Küstenfelsen. Haie sind einem Standort nicht treu, sie siedeln ständig um. Aber wer hat schon mal einen hier gesehen? Wenn sie hungrig sind, das kann man im Zoologiebuch lesen, greifen sie alles an, was sie sehen. Offenbar sehen sie schlecht: in Haimägen wurden schon Blechdosen, Stahlfedern, Holz, Papier und große Knochen gefunden. Von Badehosen, Plastikflossen oder Schnorchelbrillen wird allerdings nicht berichtet.

Bald erhalten wir die ersten wichtigen Informationen von unserem Reiseleiter; ein Schnellkurs *Türkisch* ist inbegriffen. Ugur wird uns alle noch häufig fotografieren, sein erstes Foto nenne ich *Gruppenbild mit Herren*, in Umkehrung des Titels eines bekannten Romans.

Es ist gut auskommen mit allen Leuten der **Gruppe**. Die Einen wird man mehr, andere etwas weniger mögen. Da ist zum Beispiel der smarte Raimund, der schon vor dem Frühstück Liegestühle auf den Badeterrassen für sich und seine Claudia mit Badeutensilien belegt und später auch der Ansicht zu sein scheint, dass die Stühle auf den Booten vor allem zur Ablage seiner diversen Fototaschen da sind und erst in zweiter Linie für andere zum Sitzen, oder Hildegard, die schon am ersten Tag Wandern und Antike am liebsten ganz aus dem Programm kippen möchte, weil sie sich im Urlaub ja wirklich erst einmal richtig erholen muss. Da ist aber auch beispielsweise Petra, die Osteopathin, aktiv und unternehmungslustig, aufgeschlossen und Naturinteressiert, oder unser netter Berliner Zimmernachbar Mario, mit 30 Jahren der Jüngste. Anne fetzt sich tagelang mit Ugur, weil sie völlig gegensätzliche Meinungen zum Armenier- und Kurden-Problem haben.

Wir wundern uns, dass einige nur wenig Wanderlust mitgebracht haben; das Wanderangebot war für uns bei der Wahl der Reise doch sehr wichtig gewesen. Bei der ersten Wanderung ist nur die Hälfte dabei. Noch am Tag zuvor hat Ugur verkündet, von „meinen Ausflügen kann man sich nicht einfach abmelden"; diese Einstellung kann ich gut verstehen. Aber es ist wirklich sehr heiß mit Höchsttemperaturen nahe 40 Grad; die Antalya-Region ist in diesen Tagen die heißeste am ganzen Mittelmeer.

Das Städchen Kas und seine Umgebung

Kas ist ein lebhafter Ort mit einem kleinen Hafen und reizvollen Gassen, hier kann man Schauen und Schoppen. Wer sucht, findet schließlich auch Elifs Minilädchen.

Ein großer Teegarten lädt zum Verweilen im Schatten unter Palmen und anderen Bäumen ein. Es gibt nicht nur Tee. Alkohol in der Öffentlichkeit ist hier kein Tabu, anders als in den arabischen Ländern und auch im ganzen Magreb.

Mit keinem anderen Getränk, Tee einmal ausgenommen, wird die Türkei mehr in Verbindung gebracht als mit **Raki**, dem 45-prozentigen Anisschnaps, der geschmacklich dem griechischen Ouzo ähnelt. Gern wird er mit Wasser verdünnt, sodass er schön opalisiert, und wird nicht zuletzt deswegen auch *Löwenmilch* genannt. Wein und vor allem Bier gibt's in jeder Bar und jedem Restaurant. Wir lernen auch **Ayran** kennen, ein typisches türkisches Getränk. Es schmeckt herrlich erfrischend und ist ein bekömmliches Joghurtgetränk, das gut gekühlt ein ideales Mittel ist, auch den größten Durst zu stillen.

Freitag ist Markttag. Riesige Zeltdächer schützen Menschen und Waren – im Sommer vor der gnadenlosen Sonne, im Winter vor dem Regen. Das Angebot ist riesig. Die Einheimischen decken hier ihren Bedarf an Gemüse, Gewürzen und Obst, es ist gerade Kirschenzeit, an Schuhen, Hosen, T-Shirts und Damenunterwäsche. Gegen den Hunger gibt's frisch gebackenes Fladenbrot und Börek. Für uns Touristen ist der Markt eine Attraktion.

In der zweiten Woche beobachten wir ein wenig den türkischen Straßen-**Wahlkampf**. Kleinbusse, die mit den Köpfen der jeweiligen Parteigranden verziert sind, fahren die Straßen ab. Sie sind mit Lautsprechern bestückt, die wie Raketenwerfer auf die Passanten zielen. Lautstark lassen sie keinen Zweifel, wer in Zukunft die beste Politik machen wird. Wahlkampf im Kleinen macht übrigens auch unser Freund Ugur fast überall, wo wir hinkommen.

Das heutige Kas ist teilweise auf dem alten lykischen *Habese* erbaut, das vermutlich im 6. Jh. v.Chr. gegründet wurde und später, in der hellenistischen Zeit, den Namen *Antiphellos* erhielt. Der mächtige Sarkophag am Rand der Altstadt kündet von dieser frühen Zeit; er wurde im 4. Jh. v.

Chr. errichtet. Während der römischen Kaiserzeit entstand das Theater, erbaut aus Kalksteinen der Umgebung, heute mit Blick aufs Meer, den früher das inzwischen abgetragene Bühnenhaus versperrte. Die Sitzreihen sind gut erhalten. Von der alten Akropolis ist fast nichts erhalten. Liebhaber antiker Architektur haben ersatzweise auf einem Hügel der Cukurbag-Halbinsel eine Nachahmung errichten lassen, das *Akropol*, ein Restaurant, bekannt auch unter dem Namen *Zum Österreicher*.

Von Kas ist in 20 Minuten bequem mit dem Boot und gegen ein nur geringes Entgelt eine kleine Bucht zu erreichen. Wir aber haben es vorgezogen, bei sengender Hitze in gut zwei Stunden dahin zu wandern und zu klettern. „Wolfgang hängt in der Wand!" (Zitat Christine).

Bootsausflug zur Insel Kekova und zum antiken Simena
Eine Seefahrt, die ist lustig,
Eine Seefahrt, die ist schön
Denn da kann man fremde Länder
Und noch manches andre sehn.
Den vollständigen Text kann man im Internet finden.
Unser erster Bootsausflug steht bevor. Von Kas fahren wir durch das Bergland in südöstlicher Richtung zu dem kleinen Küstenort Ücagiz, wo wir an Bord gehen. Vor uns haben wir zunächst die Insel Kekova, nach der das umgebende Gebiet benannt ist. An den Ufern sehen wir Reste einer halb versunkenen antiken Ansiedlung. Treppen führen ins Meer, Grundmauern und Fundament stehen unter Wasser. Haben einst heftige Beben die Küste so erschüttert, dass die Gebäude auseinander brachen und abrutschten? Oder ist der Meeresspiegel seit jenen fernen Tagen angestiegen? Wir wissen es nicht.

Eine stille Bucht lädt zum Ankern und zum Schwimmen im herrlich klaren Wasser ein. Während wir anderen über das Leiterchen vorsichtig ins Wasser klettern, hören wir ein kräftiges Platschen:

Die flinke kleine Doris
Ist einfach prima d'rauf,
Sie macht 'nen tollen Köpper,
Taucht lachend wieder auf.

(Jutta)

Später steuern wir auf das Dörfchen Kale zu, das auf dem antiken Simena erbaut wurde. Dort gehen wir an Land und steigen zwischen den Häusern hinauf zur Festung oben auf dem Hügel. Am Mauerwerk der Festung lassen sich verschiedene Epochen der Erbauung erkennen: über der römischen Mauer erhebt sich die mittelalterliche mit Zinnen und Schießscharten. Der Blick von hier ist überwältigend.

Beim Abstieg entdecken wir in der Umgebung zahlreiche lykische Sarkophage, die wohl schon hier gestanden haben, als die uralten knorrigen Olivenbäume in ihrer Nachbarschaft noch junge Pflänzchen waren.

Dazu sei Erich Kästner zitiert und etwas abgewandelt: „Wenn es wahr ist, dass ein Ölbaum zweitausend Jahre alt werden kann, so hätte mancher von ihnen die Zeiten erlebt, wo in Delphi die Götter noch wohnten". Abgewandelt: *wo bei Simena die Lykier ihre Toten bestatteten.* „Dann pflückte man also vom selben Baum einen Zweig wie die Pilger (*die Trauernden*) als ein Symbol des Friedens. Daß etwas Lebendiges die Zeit überstanden haben soll, ist ein Wunder."

In den kommenden Tagen wird uns nach und nach bewusst, dass das lykische Gebiet ein großes Freilicht-Museum ist mit zahllosen Gräbern und den Resten antiker Bauwerke.

Die lykischen Sarkophage und Felsgräber, vielfältig ausgeführt und geschmückt, sind in diesem Gebiet zweifellos die interessantesten Kulturdenkmäler. Außer den Merkmalen spezifisch lykischer Kunst weisen sie persische und griechische Einflüsse auf, letztere leicht erkennbar an der Darstellung von Szenen aus der Mythologie.

Zurück auf dem Boot, servieren uns Ugur und der Kapitän türkische Köstlichkeiten. Ein letzter Badespaß in der *Campari-Bucht* beschließt die schöne Bootstour.

Auf der Rückfahrt erwecken Ziegenherden unsere Aufmerksamkeit. Sie haben sich an wenigen Wasserlöchern versammelt, die noch nicht ausgetrocknet sind, und drängen sich im Schatten der Bäume - attraktive Fotomotive.

Auf dem lykischen Weg

Heute sind wir schon früh aufgebrochen – einige kommen zum Ärger von Ugur dennoch nicht mit, sie sorgen sich, wegen der Hitze schlapp zu machen. Es wird an diesem Tag und bleibt während der ganzen Reise auch wirklich sehr heiß mit Temperaturen bis 40 Grad.

Wir wollen uns ein Stück des lykischen Wegs auf den Höhen zwischen Kas und dem Städtchen Kalkan erwandern. Es ist das Teilstück Nr. 10, wir folgen den rot-weißen Markierungen und gehen ungefähr 10 Kilometer, erst eben, später dann mehr auf und ab. Solange wir noch lange Schatten werfen, ist es angenehm kühl. Das ändert sich aber rasch, und der Tag wird glühend heiß wie die meisten unserer Urlaubstage. In westlicher Richtung wandern wir über die abgeernteten Felder. Anspruchslose Ziegen weiden das letzte Grün und die vertrockneten Kräuter ab. Sie erinnern mich an die Rentiere des Nordens, die sich mit ähnlich magerer Kost begnügen, den arktischen Flechten. Die

Hirten sind freundlich und lassen sich gerne fotografieren. Liegt es daran, dass unser Führer ein Einheimischer ist? Die Flinten, so sagen sie, würden sie benötigen, um die Herden vor Wölfen zu schützen.

Wir gelangen zu einer der seltenen Wasserstellen und können unsere Trinkflaschen wieder füllen. Wenig später geht es über felsigen Grund erst auf-, dann wieder abwärts. Der Pfad windet sich zwischen stacheligen Eichenbüschen hindurch, es ist die Kermeseiche. Daneben wachsen Mastixsträucher, Terpentin-Pistazien und Steinlinden. Besonders vor den herunterhängenden Stechwinden muss man sich in Acht nehmen. Manchmal verlieren wir uns aus den Augen, suchen einander durch Rufen. Ich erinnere mich, dass sich während der Kriegs die Untergrundbewegung im besetzten Frankreich *Maquis* genannt hat. Die Macchie eignet sich vorzüglich zum Untertauchen für Flüchtende, Verfolgte und Verbrecher. Mancherorts mag die Macchie entstanden sein, als der Mensch die immergrünen Wälder zerstörte, weil er Bau- und Brennholz brauchte. Andernorts mag sie das natürliche Endstadium der Vegetation sein.

Im Frühling erblühen die Hügel in vielen Farben, die Zistrosen in weiß und rosa, der Ginster in gelb und die Baumheide in einem schneeartigen weißliche Hauch. Jetzt, im Sommer bedeckt die Macchie die Hügel mit einem gräulichgrünen Mantel, der mit den nackten grauweißen Felsen kontrastiert. In der brennenden Tageshitze geben die Pflanzen ihre ätherischen Öle ab, und wir atmen den typischen würzigen Duft der Macchie ein. Zwischendurch ist eine kurze Schattenpause wohltuend. In dem Stück *Le malentendu* von Albert Camus sagt eine Frau: „Ich stelle mir voll Entzücken jenes andere Land vor, wo der Sommer alles unter seiner Macht begräbt." Lykien ist ein solches Land.

Eine liebenswürdige Familie beschenkt uns mit frisch geernteten Mirabellen. Auch ich, meist der letzte, beschleunige meine Schritte, um noch etwas abzukriegen. Die beiden türkischen Frauen ließen sich nur ungern und erst auf Drängen des Familienoberhaupts fotografieren.

Einige Häuser weiter sehen wir, wie nach dem Dreschen (mit dem Dreschflegel) die Spreu von den Weizenkörnern getrennt wird: mit einer flachen Schippe werfen die Männer die gedroschenen Ähren in die Luft, unermüdlich, seitlich wehender Wind trägt Spreu und Spelzen davon, und nur das Korn fällt zurück auf den Booden. Das Verfahren des *Worfelns* ist so alt wie der Getreideanbau. Im Buch Jesus Sirach 5,9 heißt es: „Worfle nicht bei jedem Wind …", denn bei zu schwachem Wind findet keine Trennung statt, und bei zu starkem Wind werden auch die Körner verblasen. Mit dem Motiv des Worfelns ist auch eine moralisierende Aussage über den Wert der Arbeit verbunden, die Bestand hat und fruchtbar ist wie das Korn und nicht vom Wind verweht wird wie die Spreu.

Jetzt warten wir nur noch auf den Bus.

Zu Gast bei einer Bauernfamilie beim antiken Pinara

Das antike Pinara erreichen wir, wenn wir von der Landstraße Kas–Kalkan–Fethiye die Abzweigung nach Gülmez wählen und zum Dorf Minareköy (dt.: Minarettdorf) weiter fahren.

Gegründet von Leuten aus Xanthos, war Pinara eine jener Städte, die vor zweieinhalbtausend Jahren im Rat des lykischen Bundes über drei Stimmen verfügte, also eine der mächtigsten in Lykien. Im Jahr 333 v.Chr. (wer kennt nicht diese Jahreszahl?) öffnete sie Alexander dem Großen ihre Tore. Nach Alexanders Tod wurde sie zuerst Pergamon, dann Rom angegliedert und blühte auf in dieser Zeit. Nach vielen Jahrhunderten einer glanzvollen Existenz wurde Pinara im 2. und 3. Jh. n.Chr. durch Erdbeben beschädigt und zerstört, überlebte aber noch bis ins 9. Jh., als es auch von seinen letzten Bewohnern aufgegeben wurde. Nur eine schmale, steinige Straße führt aus den fruchtbren Tälern von Xanthos in ihre Höhen.

Auf schmalem Pfad steigen wir von Süden empor, vorbei an kunstvollen Felsgräbern. Ihre Fassaden sind Kopien lykischer Holzhäuser, in Stein gemeißelt. Im Inneren sind Nischen in den Fels gehauen, hier wurden die Toten zur letzten Ruhe gebettet. Eins der Felsgräber hat als Firstschmuck einen gehörnten Stierkopf mit Ohren. Gab es damals Beziehungen zur minoischen Kultur? Oder hat es etwas zu tun mit dem Namen *Taurus*, Stier, für das große Gebirge, an dessen Rand wir stehen?

Durch die Schlucht klettern wir weiter steil empor zur antiken Stadt. Hier erwischt es die arme Margret. Sie wird von allen weiteren derartigen Unternehmungen befreit.

Der Pfad führt uns vorbei an den Resten einer einst reichen Architektur: hier ein römischer Tempel, dort ein Tor aus lykischer Zeit, ein kleines Theater, die versunkene Agora – sie war einmal der Marktplatz, Reste eines Palasts, byzantinische Gemäuer und Zisternen. Zwischen den Ruinen und Trümmern hat sich dichte Vegetation breit gemacht, Bäume sind empor gewachsen. Die steinernen Bollwerke hatten Generationen von Feinden widerstanden, nicht aber dem Lauf der Zeit. Natur und Antike sind nun eins geworden.

Die Erinnerung an Ludwig Uhlands Ballade wird wach:

Die Mauern liegen nieder, die Hallen sind zerstört,
Noch eine hohe Säule zeugt von vergangner Pracht,
Auch diese, schon geborsten, kann stürzen über Nacht.

Über das große Theater aus römischer Zeit, auf dessen weitläufigen Sitzreihen nur noch Dornengestrüpp hockt, geht der Blick nach Osten hinunter in die Senke, die vom Esen durchflossen wird (Xanthos-Fluss) und, bei guter Sicht, hinüber zu den Akdag-Bergen. Ugur verordnet uns zwanzig Minuten kontemplatives Schweigen.

Überragt wird Pinara von einer ungeheuren Felswand. Über ihre gesamte Ausdehnung ist sie von den schwarzen Öffnungen unzähliger Felsgräber durchbrochen. Die Lykier haben viele ihrer Toten hoch über den Lebenden bestattet, an sonnen- und mondhellen Orten, mit weitem Blick über die Stadt, über das Land, bis zum Meer. Sie glaubten, dass von dort oben ihre Seelen von geisterhaften Vogelwesen in den Himmel getragen würden.

In diesen aus dem massiven Stein gehauenen Totenwohnungen, die in unregelmäßigen Reihen übereinander liegen, hat die ewige Ruhe allerdings nur so lange gedauert, wie die Lebenden ihre Toten verteidigen konnten. Nach dem Ende dieser Ewigkeit wurden die Grabkammern geplündert, Turmfalken nutzen sie als Nistplätze. Wo einmal kunstvoll behauene, mit Reliefs und Inschriften geschmückte Türen aus Stein die Welt der Lebenden von jener der Toten trennten, gähnen nun von der Gier geschlagene Öffnungen, schwarze Höhlenportale, bis in schwindelnde Höhen. Von den Grabkammern am Wandfuß fließt ein freies Geröllfeld herab. Wie ein sinkendes steinernes Schiff ragt ein Sarkophag aus dem Geröllstrom. Selbst ihre Entlegenheit hat die Ruinenstadt nicht vor Vandalismus bewahren können.

Am Mittag sind wir Essensgäste einer türkischen Bauernfamilie. Doris hält im Bild die ehrerbietige Begrüßung fest, die mir durch die jüngere Enkelin zuteil wird. Zum Essen sitzt man auf Teppichen am Boden, den älteren Herrschaften werden Stühle angeboten. Großmutter und Enkelinnen bedienen uns, auch der Großvater hilft, die Schwiegertochter und der Sohn wirken in der Küche. Es hat uns ausgezeichnet gemundet.

In die Kibris-Schlucht und nach Sütlegen zum Besuch der Moschee

Am nächsten Tag fahren wir auf der Straße nach Elmali in vielen, vielen Windungen hinauf in die Berge durch eine wilde Landschaft: steile Schluchten, tiefe Abgründe, Wälder, so weit das Auge reicht, kaum Ansiedlungen und Felder. In einer Teestube legen wir eine kurze Rast ein. Das Feuer brennt hier ständig unter dem Samovar. Doris ist einmal mehr zu einer Gaudi aufgelegt und verpasst mir eine orientalisch anmutende Kopfbedeckung. Türkische Männer tragen aber kein Kopftuch. Bin ich jetzt ein Araber?

Im überdachten Teegarten sitzen einige ältere Männer, jeder an einem anderen Tisch, jeder für sich. Stumm blicken sie zu uns herüber. Ihre Gesichter wirken verschlossen, ihre Mienen sind starr. Nichts lässt erkennen, ob sie nun neugierig sind, sich gestört fühlen oder uns als willkommene Abwechslung betrachten. Wie lange mögen sie hier schon sitzen, Tag um Tag? Woran denken diese Männer, worüber unterhalten sie sich, wenn sie überhaupt miteinander reden? Sie kennen sich vermutlich ihr Leben lang, ihre Welt ist klein, worüber sollen sie reden? Gehen sie einer Arbeit nach, oder warten sie auf Arbeit? Der Arbeit nachlaufen? Wer das will, der geht am besten nach Deutschland.

Kurz hinter dem **Karaovabeli-Pass** (1.580 m) beginnt unsere Wanderung in die *Kibris*-**Schlucht**. Erst fällt der Weg mäßig, blühende Stauden und bunte Schmetterlinge begleiten uns. Eine Landschildkröte kreuzt den Weg. Ausgedehnte Wälder mit Kiefern und sommergrüne Laubbäume begleiten uns. Libanon-Zedern sind nicht selten. Später wird der Steig abschüssig und schotterig, bis wir schließlich in der Talsohle den tief eingeschnittenen Bach queren.

Beim Aufstieg zu dem Ort **Sütlegen** schauen wir hinüber zu der tief eingeschnittenen Schlucht. Oben angekommen stehlen wir reife Maulbeeren. Bevor wir die Moschee betreten, vollziehen wir eine rituelle Fußwaschung. Wir stellen fest, dass für den Türken wenigstens drei Fremdsprachen wichtig sind: Englisch für das Business, Deutsch wegen der Freunde und Verwandten in Alemanya und Arabisch für die Religion. Bei uns soll die lateinische Messe ja auch wieder eingeführt werden! In der *Lümmelecke* im Hinterhof einer Bar regenerieren wir; die Bar selbst ist für Frauen tabu. Oder anders herum: die Bar ist ein Männerghetto.

Die antiken lykischen Städte Patara und Xanthos

Auf der Rückfahrt lassen wir uns vom langen weißen Sandstrand von **Patara** beeindrucken. Ein römisches Stadttor kündet von der Bedeutung der antiken Stadt. Wie die antiken lykischen Städte Pinara, Xanthos, Tlos, Olympos und Myra hatte auch Patara drei Stimmen im Bundesrat. Die Versammlungen fanden zumeist in Patara statt. In der römischen Epoche wurde die Stadt zu einem der wichtigsten Umschlagplätze für die kaiserliche Getreideversorgung. Der Heilige Nikolaus stammt aus Patara, und der Apostel Paulus bestieg hier das Schiff, das ihn nach Rom brachte. Später hat sich das Glück von Patara abgewendet. Sand füllte den großen Hafen mehr und mehr, Schiffe konnten nicht länger anlegen. Auch das Theater und andere Stätten versanken nach und nach im Sand.

Und wieder lasse ich Uhland sprechen:

Und rings statt duft'ger Gärten ein ödes Heideland,
Kein Baum verstreuet Schatten,
kein Quell durchdringt den Sand.
Versunken und vergessen! …

Als das persische Heer in das Tal des **Xanthos** (jetzt: Esen) eindrang, kämpften die Lykier, obwohl in der Minderzahl, verzweifelt um ihre Stadt. Stadt und Burg wurden in Brand gesetzt, fast alle lykischen Männer, Frauen und Kinder kamen um. Ihr Mut aber wurde berühmt!

Dazu erzähle ich die Geschichte der Weiber von Weinsberg; diese wurden berühmt durch ihre Schläue und Treue. Im Jahr 1140 belagerte König Konrad wochenlang Weinsberg. Die Städter hielten sich jedoch noch in ihrer Burg und gaben nicht auf. Als aber der Hunger stärker wurde, baten sie um Gnade. Konrad jedoch wollte keine Gnade gewähren. Da kamen die Frauen von Weinsberg und baten für sich um freien Abzug, da sie ja nicht gekämpft hatten. Der König hatte Erbarmen und sagte: „Die Weiber mögen abziehn, und jede kann soviel von ihrem Liebsten mitnehmen wie sie tragen kann". Am nächsten Tag beim Morgengrauen bot sich den Belagerern ein seltsames Schauspiel. Das Tor der Festung öffnete sich, und hervor traten mit schwerem Schritt die Weiber. Sie liefen tief gebeugt von ihrer Last, denn das Liebste, das sie gewählt hatten, waren ihre Ehemänner, die sie nun auf ihren Rücken aus der Burg trugen. Als Konrad davon erfuhr, musste er herzlich lachen. „Es war zwar so nicht gemeint, aber ihr Einfallsreichtum soll belohnt werden. Lasst die Weiber gehen."

Xanthos erlebte immer wieder Besatzung und Katastrophen, aber auch Blütezeiten, wurde in der byzantinischen Zeit Bischofssitz, bis es mit dem Beginn der arabischen Invasion im 7. Jh. verlassen wurde. Wieder entdeckt wurde

Xanthos im Jahr 1838 von dem Engländer Fellows, der sämtliche Reliefs und die großen architektonischen Stücke von Patara aus auf einem britischen Kriegsschiff nach London schaffen ließ. Dort sind die Stücke heute im lykischen Saal des Britischen Museums ausgestellt.

Das antike Xanthos liegt in der Nähe des Dorfes Kinik hoch über dem Tal, das von dem Fluss Esen bewässert wird. Hier werden, wie vielerorts in den Küstenregionen, auf großen Flächen Tomaten unter Folien angebaut. Imposant sind das römische Theater, das Harpyien-Monument mit fast 9 Meter Höhe und einige lykische Gräber. Auf den Sarkophagdeckeln sind Reliefe erhalten: Darstellungen einer Wildschweinjagd und einer Schlachtenszene. Vom Rand der lykischen Akropolis hat man einen schönen Blick auf das Tal. Der lykischen gegenüber liegt die römische Akropolis. Eine byzantinische Basilika ist später dort erbaut worden.

Noch einmal Uhland:

> Die Gärten sind verdorret und jeder Quell versiegt,
> Die Stadt in heut'gen Tagen versteint, verödet liegt.

Der Fluss Esen, der bei Patara ins Meer mündet, erhält sein Wasser von Nebenflüssen, die ihr Quellgebiet in den Gebirgszügen westlich und nördlich der Senke haben. Ein Zufluss aus dem Akdag-Gebirge hat sich hunderte Meter tief in das Gebirge geschnitten: die **Schlucht von Saklikent**. Viel Wasser führt sie im Sommer nicht. Nur aus tief liegenden Karstquellen sprudelt es noch kräftig. Unterhalb der Schlucht ist ein großes Picknickgelände am Fluss entstanden. Es trägt den anspruchsvollen Namen *Paradiesgarten*. Wenn es im Paradies so viele Menschen und so viel Plastikmüll gibt, möchte ich da nicht hin. Mehr beeindruckt haben mich die gewaltigen, ausgedehnten Schotterbänke, die man von der Straße parallel zum Fluss sieht.

Im Akdaggebirge

Heute fahren wir weit ins Akdag-Gebirge hinauf. Hinter dem Karaovabeli-Pass (1.580 m) geht es erst einmal wieder abwärts zum Ort **Gömbe** in der sogenannten Kas-Hochebene. Hier, in etwa 1.200 m Höhe, verbringen die wohlhabenden Einwohner von Kas gerne ihre Sommerfrische, wenn es unten an der Küste unerträglich heiß ist. Auch im Sommer gibt es hier reichlich Wasser aus den umliegenden Bergen, Gärten und Felder sind grün, Äpfel gedeihen. Auch zu einer alten Wassermühle in den Hügeln der Umgebung kann uns Ugur führen. Die Ortschaft macht einen gepflegten Eindruck. Ausländische Touristen treffen wir keine.

Von Gömbe geht es auf schmaler Straße weiter ins Akdaggebirge hinein. Nun sitzt Ugur am Steuer, Achmed darf sich die Zeit im Ort vertreiben. Hinter dem Dorf Cukurbag benutzen wir gegen eine geringe Gebühr die Piste und lassen schließlich den Bus in etwa 1.500 m stehen.

Zu Fuß geht es weiter, erst längs des Bachs, der etwas Grün in die Landschaft zaubert und weiter oben einen hübschen Wasserfall bildet. Wir überschreiten die Waldgrenze und lassen auch den letzten knorrigen Wacholderbaum (*Juniperus foetidissima*), der mit vielen bunten Bändchen geschmückt ist, hinter uns. Die Vegetation wird spärlich, nur wenige Pflanzenarten sind hier oben heimisch. Auf knapp 2.000 m Höhe erreichen wir den Grünen See. Die Berge im Hintergrund ragen noch bis 1.000 m höher auf.

Ein schöner Tag in einer großartigen und einsamen Gebirgslandschaft!

Myra und Demre

Myra ist sehr besucht wegen seiner Nähe zu den großen Touristenzentren in der Antalya-Region. Neuerdings kommen sehr viele Gäste aus Russland. Wir sind schon früh da und wenigstens an den antiken Stätten noch fast alleine.

Muss man, trotz des Rummels, Myra sehen? Ja, schon. Nicht von ungefähr ist die Steilwand mit den lykischen **Felsgräbern** ein beliebtes Postkartenmotiv, und das Nebeneinander von Felsgräberwand und römischem Theater sucht seinesgleichen. Daneben liegen zahlreiche Trümmersteine mit wertvollen Steinbildhauerarbeiten, leider völlig ungeschützt. Die in Stein gearbeiteten Masken geben eine Vorstellung davon, wie sich die Schauspieler im griechischen und römischen Theater ihrem Publikum gezeigt haben.

Das antike Myra liegt in der Region von Kale etwas außerhalb des Städtchens *Demre*. Die monumentale Nikolaus-Figur mitten in Demre und die Plakatwerbung am nahen Strand, wo Sankt Nikolaus bei der Kinderbetreuung einspringt, passen nicht so ganz in das Bild einer türkisch-muslimischen Stadt. Wir kennen die Erklärung: im 4. Jh. n. Chr. war *Nikolaus von Patara* Bischof in Myra, er ist hier begraben, und seine Grabkirche wurde hier errichtet. Die arabischen Invasoren des 7. und 9. Jhs. zerstörten Stadt und Kirche, die damals jedoch rasch wieder restauriert wurde.

Nach dem Exodus der Griechen vor mehr als achtzig Jahren ist die Kirche für Jahrzehnte in einen Dornröschenschlaf gefallen, dann wurde sie von den Touristen aufgeweckt, erst von den deutschen, nun den russischen. Heute herrscht in der Kirche über Tag eine drangvolle Enge. Russische Touristen verehren hier nicht nur den Heiligen, sondern auch ihren letzten, den ermordeten Zar Nikolaus II. – trotz der 70 Jahre Kommunismus.

Eine Heimat hat der Heilige hier dennoch nicht mehr. Anders in Griechenland, wo so viele Kapellen und Kirchen ihm geweiht, Ortschaften nach ihm benannt sind. Wie viele

Menschen tragen dort seinen Namen, kein Wunder, sind die Griechen doch ein altes Seefahrervolk, und Nikolaus ist der Schutzpatron der Matrosen und Seeleute.

Zur antiken Stadt gehörte auch der Hafen *Andriake*, der jetzt völlig versumpft ist. Der mächtige Kornspeicher, das Granarium (lat.: granum, das Korn), lässt die einstige Bedeutung erahnen.

Aperlai

Unser letzter Ausflug wird uns nach Aperlai bringen. Noch einmal fahren wir durch das Bergland nach Ücagiz, wo wir das Boot besteigen. Es bringt uns zur Anlegestelle der Halbinsel Sicak.

Von dort wandern wir, der schon vertrauten rot-weißen Markierung folgend, über den knochentrockenen roten Boden, aus dem die großen Knollen der Meerzwiebel schauen, vorbei an großnen Herden schwarzer Ziegen, zu den Ruinen des antiken *Aperlai*: Reste von Festungsmauern aus der Römerzeit, in rektangulärer und polygonaler Technik ausgeführt, und aus der byzantinischen Zeit. Alles ist sehr zerstört und von der Vegetation überwachsen, was einerseits zu bedauern ist, andererseits aber auch einen unberührten, besser romantischen Eindruck hinterlässt. Antike Ruinen, Buschwerk, Fels und Meer sind eins.

Außerhalb der alten Festungswerke sehen wir eine große Zahl prachtvoller Sarkophage im lykischen Stil. Einige stehen jetzt im Meer. Nachdem alles besichtigt ist und alle Fotos geschossen sind, darf sich auch der Reiseleiter mal entspannen, auch wenn es nur auf einem lykischen Trümmerstein ist. Mit Baden und gutem Essen an Bord lassen wir die Exkursion ausklingen. Den roten Staub an den Schuhen nehmen wir mit nach Hause.

Wo wir nicht waren

Wo wir nicht waren: *Olympos*, auch dies einer der führenden Namen in der lykischen Konföderation. Der Ort wird wegen der ständig ausströmenden Gase Yanartas, brennender Stein, genannt. Mich bewegt die Vorstellung, dass auch schon die antiken Menschen diese Feuer gesehen haben und von diesem Naturschauspiel tief beeindruckt gewesen sein müssen. So empfinde ich die sich ständig wandelnden und doch immer gleichen Flammen von Olympos als ein lebendiges Band, das uns mit jenen weit zurückliegenden Zeiten verbindet, aus denen wir in den letzten Tagen so viele steinerne Zeugnisse gesehen haben.

Noch von manchem wäre zu berichten, was ich aber nur andeuten will, beispielsweise von vielen interessanten Gesprächen, die wir geführt haben; von Menschenschicksalen, die in diesen Gesprächen wenigstens andeutungsweise sichtbar wurden; vom freundlichen und hilfsbereiten Personal im Hotel; vom Ruf des Muezins; vom Gesang der Zikaden; von hitzigen Diskussionen über das Schicksal ethnischer Minderheiten; von Geheimnissen der türkischen Küche; vom Schweiß, der oft in Strömen floss; von dicken Käfern und langbeinigen Spinnen; von Trompetenfischen und anderen Seeungeheuern.

Literatur

Zahlreiche **Lykien-Reiseführer** im Buchhandel

Tunesiens Norden

17. bis 31. März 2006

Vor mehr als 100 Jahren haben August Macke und seine Malerfreunde Tunesien bereist. Es wäre nicht zutreffend zu sagen, wir seien ihren Spuren gefolgt, zumal das Land sich in der langen Zeit stark verändert hat. Man betrachtet jedoch ihre Aquarelle und Skizzen mit anderen Augen, wenn man Hammamet und Kairouan mit eigenen Augen gesehen hat. Was sie kaum im Blick hatten, weil sie vor allem vom Leben in der arabischen Gegenwart fasziniert waren: die Zeugnisse aus karthagischer und römischer Zeit, mit denen wir eingehender bekannt gemacht wurden.

Hammamet

Als Paul Klee und August Macke im April 1914 am Bahnhof von Hammamet den Zug verließen, gab es hier die kleine *Medina* mit engen Straßen und Gassen, die *Kasbah*, die mächtige Festung aus dem Mittelalter, und ein paar neuere Häuser außerhalb der alten Stadtmauer. Sonst gab es weit und breit nur Gärten und Felder.

Zu Beginn des 21. Jahrhunderts ist Hammamet mit 65.000 Einwohnern immer noch keine Großstadt. Doch nördlich und südlich erstrecken sich nicht enden wollende Hotelzonen. Jüngst wurde das Hotelareal *Yasmine Hammamet* mit großem Jachthafen und einem Medina-Imitat fertiggestellt. Durch den Tourismus vervierfacht sich die Bewohnerzahl von Hammamet während des Sommers. Die Stadt ist der meistbesuchte Badeort Tunesiens.

Wir wohnen im Sheraton-Hotel in der südlichen Hotelzone. Die kleinen Gebäude mit den Wohnungen stehen in einem Parkgelände mit Palmen und Blumen direkt am Meer. Der

Strand mit hellem Sand ist zumeist breit, wird sauber gehalten, erstreckt sich weit nach Süden und Norden und lädt zu ausgedehnten Wanderungen ein.

Am Strand werden Schmuck, Armreifen, Taschen, Tücher zum Kauf angeboten. Ein Kamelführer lädt zum Ritt ein. Geldwechsler treiben sich hier herum. Wenn der männliche Gast allein unterwegs ist, bekommt er unzweideutige Angebote aufdringlicher junger Männer. Ein ablehnendes „Nein" ist hier nie das Ende eines Gesprächs, sondern erst der Anfang. Wer etwas feil bietet, nimmt ein „Nein" zum Anlass, seine Ware noch mehr anzupreisen. Manch einer gibt erst auf, wenn man sich in einen der Hotelparks flüchtet.

Ein aufdringlicher Tunesier setzt einem Touristen zwei Chamäleons aufs T-Shirt. Er will fürs Fotografieren kassieren und ist mit einem Päckchen Zigaretten nicht zufrieden.

Noch deutlicher sehen wir in Kairouan, wie der Tourismus die Menschen verdorben hat: Als wir einmal nach dem Weg fragen müssen, ist es nicht möglich eine normale Auskunft zu erhalten, sondern der Gefragte fährt mit seinem Moped voraus, zeigt uns einen Parkplatz, erhält auch eine Aufmerksamkeit von uns, will dann mit uns eine Stadtführung machen, was wir aber nicht wollen. Wie werden ihn nur schwer wieder los. Es ist schade, dass man erst unhöflich werden muss, um solche aufdringliche Menschen loszuwerden. Wir fragen uns, wie lange es wohl dauern wird, bis auch auf dem Land die Einheimischen die Touristen als Geldbörsen mit Beinen dran betrachten.

Nach Hammamet gehen wir zu Fuß über den Strand, meist über feinen Sand, fünf Kilometer sind es. Rechter Hand liegt das Meer, linker Hand Parkanlagen, aus denen die Hotels hervorschauen. Wo der Strand sich weitet, liegen bunte Boote auf dem Sand und warten auf den Sommer, vor uns ragen die gewaltigen Mauern der Kasbah in die Höhe. Die Kasbah, ältester Baukomplex Hammamets, begonnen im 13. Jh., liegt an der Südwestecke der Medina (Altstadt). Von oben, durch Öffnungen in der Mauerkrone der Kasbah, hat man einen guten Blick auf das Meer, das Treiben am Strand, auf die Medina und die neue Stadt. Wir sehen auf die flachen Dächer der weiß getünchten Altstadthäuser; die Dächer sind mit Treppchen verbunden, tragen Kuppeln und Türmchen und sind mit Zinnenbewehrten Mäuerchen verziert. Wäsche ist zum Trocknen ausgehängt, Frauen halten auf den Dächern ihren täglichen Tratsch.

Die Medina, sie misst gerade einmal 200 auf 200 Meter, liegt im Schutz der Kasbah an der Spitze einer Halbinsel. Sie ist vollständig von einer Mauer umgeben und vom Meer umspült. Außerhalb der Medina liegt der islamische Friedhof. Muss noch gesagt werden, dass Hammamet einst ein Stützpunkt der Korsaren war, jener Piraten, die vom 16. bis zum Anfang des 19. Jh.s von der Küste Nordafrikas aus das gesamte Mittelmeer unsicher machten?

Bevor wir die Kasbah wieder verlassen, werfen wir noch einen Blick in den *Marabout*, der im großen Hof steht. Ein Marabout ist im Volksislam ein Heiliger. Auch die Grabstelle eines Marabut wird so genannt. Einige dieser Gräber gelten als heilige Stätten; unserer hier macht einen eher profanen Eindruck. *Marabout*, auch *Marab(o)u*, leitet sich vom arabischen *murabiṭ* ab (ebenso wie der *Ribat*), was so viel wie Festung bedeutet. Unter Verwendung des portugiesischen Worts *marabuto* und des spanischen Ausdrucks *morabito* erschien der Begriff bereits in Reiseberichten aus dem 17. Jahrhundert.

Die Sträßchen der Medina sind eng und verwinkelt. Souvenir-Shops, Teppichläden und Restaurants haben sich im historischen Stadtkern breit gemacht. Die Große Moschee stammt aus dem 15. Jh., der Gründungszeit der Medina, die Sidi-Gailani-Moschee aus dem 18. Jh. Zum Haupttor der Altstadt nehmen wir den Weg unterhalb der Kasbah durch die teils überdachten Marktgassen (Souks), die heutzutage vollständig vom Souvenirhandel beherrscht werden. Auch vor den Toren der Medina pulsiert reges städtisches Leben. Kehren wir noch einmal zurück in die Gassen der Medina. Wir sind ja erst kurze Zeit im Land, noch gänzlich unerfahren, und fallen prompt auf einen gängigen Trick der Teppichverkäufer herein – fast jedenfalls.

Ein junger Mann stürzt auf uns zu: „Kennt Ihr mich denn nicht, ich bin doch der Koch aus dem Hotel?!" Wir kennen ihn nicht, können uns nicht daran erinnern, ihn gesehen zu haben, aber wir wollen nicht unhöflich sein. Am Wochenende sei in Hammamet eine große Ausstellung mit Teppichen aus dem ganzen Land, sagt er, sein Bruder sei daran beteiligt, er gehe seinem Bruder zur Hand an seinen freien Tagen so wie heute, und er will uns vorab schon mal einige schöne Stücke zeigen.

Er bringt uns zum Teppichladen des Bruders. Wir kommen mit, wir wollen doch nicht unhöflich sein, er ist ja der Koch im Hotel. Man zeigt uns Teppiche, der angebliche Koch führt uns an einem präparierten Webstuhl vor, wie sie gewebt werden, wir schauen zu, wir wollen ja nicht unhöflich sein. Man bittet uns schließlich ins Obergeschoss. Jetzt ist es Zeit, dass wir den Laden verlassen, dankend, wir wollen gewiss nicht unhöflich sein, und entfernen uns, bevor wir ernsthaft zu einem Kauf gedrängt werden. Ja, in welchem Hotel war der junge Mann wohl der Koch? Wir haben ihn nicht gefragt, wir hätten es tun sollen, hätte diese Frage ihn doch sofort als Lügner und Trickser entlarvt.

Die Piraterie der Korsaren

Noch einige Worte zu den Korsaren. Das Wort findet sich in allen romanischen Sprachen des westlichen Mittelmeerraums (fr.: *corsaire*, provenzalisch: *cursar*, ital.: *corsale, corsare*, span.: *corsario*, auch kroat.: *gusar*) und geht letztlich auf das lateinische *Cursus*, Beutezug, eigentlich Lauf, zurück; eine spätere Volksetymologie brachte die Korsaren fälschlich mit der Insel Korsika in Verbindung.

Mit dem Niedergang der Wirtschaft in den Ländern des Maghreb und der Vorherrschaft der christlichen Staaten im Mittelmeer seit dem 15. Jh. entwickelte sich das Korsarentum in den Küstenstädten Nordafrikas. Die Zentren waren Algier, Tripolis und Tunis. Die Korsaren waren Araber und Mauren sowie Morisken, die nach dem Abschluss der Reconquista 1492 aus Spanien in den Maghreb geflohen waren. In den folgenden Jahrhunderten unternahmen die Korsaren ausgedehnte Raubzüge durch das Mittelmeer und bis weit in den Atlantik, zeitweise sogar vor der britischen Küste, wobei sie zahllose Schiffe christlicher Nationen kaperten. Vor allem im Mittelmeer wurde der Seehandel erheblich beeinträchtigt. Die Korsaren überfielen auch Dörfer und kleine Städte an der Küste und verschleppten die Einwohner als Sklaven.

Die Piraterie nahm noch zu, seit die Korsaren 1529 den türkischen Sultan als Oberherrn anerkannt hatten und dafür militärische Unterstützung bekamen. Der Kaperkrieg zwischen den Korsaren und den christlichen Staaten des Mittelmeers, allen voran Spanien, erreichte nun den Höhepunkt. Die Machtzentren Algier, Tunis und Tripolis bildeten sich als die sog. Barbareskenstaaten heraus, die teilweise schon die Grenzen der heutigen Staaten Algerien, Tunesien und Libyen besaßen, ohne allerdings das Hinterland im jetzigen Umfang zu kontrollieren. Seeräuberei war die hauptsächliche Einnahmequelle dieser Staaten.

Dieses Unwesen ging noch Ende des 18. Jh.s so weit, dass einige europäische Länder, etwa die seinerzeit unabhängige Hansestadt Hamburg, aber auch die noch jungen USA sich zu regelmäßigen Zahlungen an die Regierungen der Barbareskenstaaten verpflichteten, damit ihre Handelsschiffe nicht behelligt wurden. Für die europäische Handelsschifffahrt stellte dies ein Problem dar, da ständige Lösegeldzahlungen und der Verlust der Schiffsladungen massiven wirtschaftlichen Schaden anrichteten. Um die Schiffsbesatzungen zur Verteidigung der Ladung zu motivieren, wurde Propaganda über die Behandlung von Gefangenen durch die Barbaresken verbreitet. Schon bald gab es umfangreiche Literatur über alles, was mit christlichen Gefangenen der Barbaresken tatsächlich oder angeblich geschah. So wurden diese angeblich vor die Mündungen von Kanonen gebunden und jene dann abgefeuert werden; solche Gräueltaten wurden in allen Details geschildert.

Der Niedergang der Korsarenflotten setze ein, als die Flotten der europäischen Seemächte England, Hollland und Frankreich mehrmals Algier, Tunis und Tripolis beschossen. Die USA bauten die ersten Kriegsschiffe der US Navy, um die nordafrikanischen Korsaren in die Schranken zu verweisen, und erwarben in den Kämpfen mit den Barbaresken ihre ersten Seekriegserfahrungen.

Ein Ende fand die Piraterie der Korsaren 1827 mit der Schlacht von Navarino, als die Kriegsschiffe der Barbaresken zerstört wurden. Im selben Jahr nahm der französische König Karl X. einen Zwischenfall zum Anlass, dem Bey von Algier den Krieg zu erklären. In erster Linie war dieser Schritt durch die innenpolitische Lage in Frankreich bedingt, die den König zwang, die Aufmerksamkeit der Öffentlichkeit auf die nordafrikanischen Korsaren zu lenken. Der entscheidende Militärschlag gegen Algier erfolgte allerdings erst 1830, als Karl politisch schon am Ende war. Die Eroberung von Algier konnte die Revolution von 1830 nicht mehr aufhalten, legte aber den Grundstein für die französische Vorherrschaft im westlichen Nordafrika.

Berbermarkt in Bou Ficha

Hammamet wollen wir gleich am ersten Tag kennen lernen und bestellen ein Taxi. Der Taxichauffeur hat aber eine andere Vorstellung davon, was wir unternehmen sollen. Hammamet sei von Touristen überlaufen und unattraktiv. Er empfiehlt, den Wochenmarkt in Bou Ficha zu besuchen, 20 Kilometer südlich von Hammamet. Er würde uns hinbringen, dort warten und uns später zurückfahren. Der Preis erscheint angemessen, wir willigen ein.

Ein nur von Arabern und Berbern besuchter Wochenmarkt erwartet uns, Doris und ich sind die einzigen Touristen. Laut und lebhaft geht es zu. Man trifft sich auf dem Markt nicht nur zum Feilschen und Kaufen, sondern auch zum Schwatzen, Lachen, Diskutieren. Wir bewegen uns völlig unbehelligt, keiner kümmert sich um uns, niemand versucht, uns lautstark und aufdringlich Ramsch anzudrehen. Bunte Fotos entstehen, von Obst- und Gewürzständen, farbenfrohen Wäschetischen und auffällig gekleideten Berberfrauen.

Bou Ficha ist eine beschauliche Kleinstadt. Hier leben viele Menschen, die im Tourismus rund um Hammamet beschäftigt sind. Auffällig ist der kleine, feine Bahnhof in makellosem Weiß mit ein wenig Blau und roten Dachziegeln. Er stammt aus der Kolonialzeit und ist wie viele ähnliche

Bahnhöfe in Tunesien gut gepflegt. Das größte Gebäude hier ist aber eine Kaserne. Reisende seien gewarnt: militärische Objekte darf man nicht fotografieren.

Zwischen Bou Ficha und Hergla in der Küstenebene von Enfida entsteht der größte Flughafen Afrikas. Er soll 2009 in Betrieb gehen und die Flughäfen Tunis und Monastir entlasten. Angestrebt wird eine Kapazität von zunächst fünf, später 22 Millionen Passagieren im Jahr. Gebaut und später betrieben wird der Airport von einem türkischen Konsortium (TAV Airports Holding).

Djebel Zaghouan und die Löwen des Herrn von Pückler-Muskau

Schon auf der Fahrt vom Flughafen Monastir nach Hammamet haben wir den hohen Berg zu unserer Linken gesehen. Weit sichtbar ragt der knapp 1.300 Meter hohe, schroffe Felsgipfel des *Djebel Zaghouan* über Wiesen und Felder. Im Reiseführer lese ich: *Knapp 35 km von Hammamet entfernt bietet der Berg ein fast alpines Kontrastprogramm zum Badevergnügen am Meer.* Wir mieten einen Wagen und fahren los, erst wieder nach Bou Ficha. Eine Straße führt von da nach Westen und über Zriba Village direkt nach Zaghouan. Hinter Bou Ficha kommen wir an den Resten einer römischen Brücke vorbei. Sie war einst Teil des riesigen Straßennetzes im römischen Reich. Auch ein Stück der gepflasterten römischen Straße ist noch da; sie endet in Olivenhainen.

Der Frühling hat hier schon Einzug gehalten. Das Grün der Felder, die vielen Blumen an Feld- und Wegesrändern, die weiten und schattigen Baumalleen und der näher kommende Djebel Zaghouan machen die Fahrt zu einem eigenen Erlebnis.

Wir nähern uns dem Dorf Zaghouan; seine weißen Häuser überziehen einen langgestreckten Hügel, Baumgruppen bringen Abwechslung ins Bild. Auf dem höchsten Punkt überragen zwei Minarette den Ort. Wir fahren am Zentrum vorbei und gelangen auf eine Straße, die uns in Serpentinen in die Richtung des Berges führt und folgen den Hinweisschildern *Temple des eaux*. Glücklicherweise reicht unser Französisch aus, um diesen Wassertempel mit dem römischen Quellheiligtum, dem **Nymphäum**, zu identifizieren, das 130 n. Chr. unter Kaiser Hadrian hier errichtet wurde. Der kleine Wassertempel mit einem ovalen Becken steht am Fuße einer hohen Felswand. Um das Becken sind zwölf Nischen gruppiert, in denen die guten Wassergeister, die Nereiden, das wertvolle Nass bewachten. Hier wurden die Quellen des Djebel Zaghouan gesammelt und das Wasser über ein Aquädukt nach Karthago, das römische Karthago, geleitet. Längs der Straße von Zaghouan nach Tunis werden uns einige Tage später Reste dieser römischen Wasserleitung gezeigt.

Vom *Temple des eaux* fahren wir die Piste noch etwas weiter und finden tatsächlich einen Weg, auf dem wir in ein Tal laufen und noch höher hinauf steigen können. Am Nachmittag entdecken wir, dass die Piste weiterführt, hoch zu den schon von fern aus der Ebene sichtbaren Funk- und Fernmeldeeinrichtung auf einer der Bergkuppen.

Vor mehr als 150 Jahren hat **Fürst Hermann von Pückler-Muskau,** Garten- und Landschaftsarchitekt, Reisender, Schriftsteller, Lebenskünstler, diese Gegend bereist. Seine Leidenschaft galt der Erforschung der Flora Tunesiens. Er hat einen detaillierten Reisebericht verfasst: *Semilasso in Afrika* (*Semilasso* benutzte er gerne als Pseudonym; seine *Briefe eines Verstorbenen*, Reiseberichte an seine geschiedene Frau, wurden zu einem der größten Bucherfolge des 19. Jhs.). Darin liest man von der strapaziösen und aufregenden Besteigung des Djebel Zaghouan und von der Angst seiner Begleiter vor Löwen, die damals hier noch zahlreich waren. Und wir haben sorglos auf einer idyllischen Wiese gerastet, sogar eingeschlafen bin ich, wie leichtsinnig!

Takrouna, ein museales Berberdorf
Von Bou Ficha oder Zaghouan bietet sich ein Abstecher zu dem alten Berberdorf Takrouna an. Das historische Dorf thront nahezu unbezwingbar auf einem Felssporn, einem Ausläufer des Atlasgebirges; eine holprige Autopiste führt hinauf. Das heutige neue Dorf liegt unterhalb des Felsens. Man fährt am besten nicht bis ganz nach oben, sondern parkt unterhalb des Ortes und geht zu Fuß. Schon während der Anfahrt ist von weitem die schneeweiße Moschee des alten Bergdorfs mit ihrem Minarett zu sehen.
Diese Moschee ist das größte und wehrhafteste Gebäude des Ortes. Die Gassen verlaufen auf teils unbehauenem Fels; sie sind nur schmale Streifen, die man zwischen den aus bräunlichem Stein errichteten kleinen Häuschen frei gelassen hat. Zur weiteren Sicherung haben die Dorfbewohner um ihr Felsplateau herum auch noch eine Mauer errichtet, über die man nun hinunter auf die bebauten Felder im Tal sieht und weiter bis zur Küste.
Das alte Dorf wird heute nur noch wegen des Tourismus bewohnt. Mittelpunkt von Takrouna ist eine größere freie Fläche, an der sich das Café *Le Rocher Bleu* befindet, nur im Sommer geöffnet für die zahlreichen Besucher. Ein dunkler Raum in einem der benachbarten Häuser ist als Berber-Museum deklariert; für zwei Dinar Eintritt ist nichts zu sehen. Im Sommer wird Takrouna täglich von mehreren

Reisebussen angefahren. Die Berber ziehen sich dann in ihre Häuser zurück oder betteln und wollen irgendetwas verkaufen. So gerät der Dorfbesuch schnell zum Spießrutenlauf. Als lästig empfinden wir auch die Versuche, Euro-Kleingeld in größere Münzen oder gar in Scheine zu tauschen. Einige Männer haben einen ganzen Sack Kleingeld bei sich, es sind die Trinkgelder der Touristen. Auch wird man gerne zum Tee eingeladen, um die Einkünfte etwas aufzubessern.

Sousse hat eine dreitausendjährige Geschichte
Am 20. März kommen die anderen Teilnehmer der Studien-Reisegruppe an, und wir lernen unseren Reiseleiter Gernot kennen. Er ist studierter Historiker und Orientalist und kennt die Länder des Maghreb und Nahen Ostens gut; in Tunesien war er schon viele Male.
Der folgende Tag bringt uns nach Sousse und El Djem. Wir fahren in dem Küstenstreifen, der *Sahel*, Ufer, genannt wird, nach Süden. Diese Landschaft, die wir schon von der Fahrt vom Flughafen Monastir nach Hammamet kennen, ist geprägt von Millionen von Ölbäumen. Olivenhaine überziehen die weitgehend flache Küstenebene mit ihrem Graugrün; die Bäume gedeihen gut im trocken-warmen Klima dieser Region und begnügen sich auch mit dem mageren sandigen Boden.
Sousse, arabisch *Sūsa*, ist eine Hafenstadt am Mittelmeer und zugleich die viertgrößte Stadt in Tunesien. Der Name ist berberischen Ursprungs; entsprechende Parallelen finden sich in Libyen, und im Süden Marokkos wird eine ganze Region als *bilād al-sūs* bezeichnet.
Sousse hat in seiner dreitausendjährigen Geschichte immer als Ausfuhrhafen für landwirtschaftliche Produkte gedient,

erst den Phöniziern, später den Römern, dann den Byzantinern, den arabischen Aghlabiden, den Türken und den Franzosen. In der französischen Kolonialzeit ab 1881 erfolgte der Bau der Neustadt und der Ausbau des Hafens, der nun vor allem der Ausfuhr von Phosphat diente. Auch heute spielt der Hafen neben dem Tourismus eine wichtige Rolle im Wirtschaftsleben.

Ein tiefer Einschnitt in der Geschichte der Stadt war die arabische Eroberung und Zerstörung im 7. Jh. Erst um 800 wurde sie im Auftrag des Herrschers von Bagdad von der Dynastie der Aghlabiden unter dem Namen Sūsa neu gegründet und erlebte einen raschen Aufstieg als Hafen der Hauptstadt Kairouan und Ausgangsbasis für die arabische Eroberung Siziliens. Während der Aghlabiden-Zeit entstanden im 9. Jh. der Ribat, die Kasbah und die Hauptmoschee.

Heute ist die arabische Altstadt tadellos restauriert. Neben der Stadtmauer sind auch die islamischen Wehrbauten fast vollständig erhalten. Unser Rundgang beginnt bei der **Kasbah**. Sie stammt aus dem Jahr 844 und liegt an der höchsten Stelle der Altstadt. Ihr wurde 853 ein 30 Meter hoher Leuchtturm hinzugefügt. Heute ist in den Räumen der Kasbah das Archäologische Museum von Sousse untergebracht, in dem punische, römische und frühchristliche Exponate ausgestellt sind, neben anderem sehenswerte Mosaiken. Teile der Kasbah bildeten die Kulisse der Stadt Jerusalem in Franco Zeffirellis Bibelverfilmung *Jesus von Nazareth* von 1977.

Wir treten in die **Medina** ein, wandern durch die lebhaften Souks. Zwischen behäbigen Eselskarren knattern Mopeds durch die Straßen, Taxis schieben sich rücksichtslos durch die engsten Gassen, es herrscht ein beängstigendes Gedränge. Die Händler beschwören die Vorbeigehenden mit sanften und groben Worten, doch endlich das zu kaufen, was überquellend den winzigen Laden füllt: es ist Kitsch, Schund, überteuerter Tand. Hände greifen nach dem abwehrenden Touristen, ziehen ihn am Jackenärmel. Läden mit Teppichen, ganze Heerscharen von kleinen Stoffkamelen verstopfen die Gassen.

Langsam legt sich die Fremdheit. Wir lernen, besonders laute und aufdringliche Händler zu meiden, lernen, auf unerwünschte Angebote nicht einzugehen, erwehren uns zweideutiger Rufe durch eindeutige Blicke. Wir beginnen zu handeln. Ich fühle mich dabei oft etwas unwohl. Handeln ist eine Kunst, und die meisten Europäer haben sie verlernt. Zum Handeln fehlen uns auch zwei wichtige Voraussetzung: wir benötigen nicht wirklich, was wir schließlich erstehen. Wir brauchen auch nicht wirklich zu handeln, wir haben so viel mehr Geld als die einheimische Bevölkerung.

Schließlich gelangen wir hinunter zur Hauptmoschee, der **Großen Moschee**. Der in den Jahren 850 und 851 erstellte Bau diente sowohl dem Gebet als auch der militärischen Sicherung der Stadt, daher seine wehrhafte Architektur und seine Lage am Rande der Medina, in nächster Nähe zum Hafen. Den Betsaal hat man zwischen 894 und 897 um drei Schiffe erweitert. Der als Minarett dienende Kuppelpavillon auf dem nördlichen Eckturm der Moschee ist ein späterer Anbau und stammt vermutlich aus der ersten Hälfte des 10. Jh.s. Diese Kuppel findet schon in der Biographie des Richters von Sousse, al-Hasan bin Nasr al-Susî, der 952 starb, wie folgt Erwähnung: *Zur Zeit des Jahrmarktes, wenn die Kairouaner zum Ribat kamen, pflegte der Richter in der Großmoschee von Sousse unter der qubba (Kuppel) zu sitzen, von der aus zum Gebet gerufen wird und die auf die Tore zum Meer hinausgeht. Immer wenn er einen Mann* *kommen sah, der einen Jungen bei sich hatte, ließ er ihn kommen. Wenn der Junge mit seinem Vater oder sonst einem Verwandten war, ließ er ihn weitergehen. Wenn er* (der Richter) *ihn aber* (der Homosexualität) *verdächtigte, hinderte er ihn, über den Jungen frei zu verfügen.*

Neben der Hauptmoschee erhebt sich ein zweiter Verteidigungsbau, der **Ribat**, mit seinem hohen Turm. Er entstand 821 bis 822 als imposantes Wehrkloster; hier wachten muslimische Kriegermönche über die Stadt. Eine andere Version besagt, dass Rittermönche sich hier auf den Märtyrertod vorbereiteten.

Ribat (Festung, befestigter Ort) ist die arabische Bezeichnung für Befestigungen an der Grenze des islamischen Gebietes; sie wurden zur Absicherung und Weiterführung des kriegerischen *Dschihad* errichtet. Der Ribat war der Ort, wo die Muslime ihre Reittiere versammelten und festbanden (rabaṭa). Seine Entstehung ging somit auf die religiöse Pflicht des Dschihad, auf die militärische Ausbreitung des islamischen Gebietes und dessen Verteidigung zurück. Diese militärischen Festungen boten zudem den Bewohnern gefährdeter Gebiete Schutz. Auch im Namen der marokkanischen Hauptstadt findet sich dieser Wortstamm: Rabat, arabisch *ar-Ribāt*.

Der imposante Eingang in den Ribat, von zwei korinthischen Säulen flankiert, ist als Doppeltor konzipiert, der nach dem Eintritt von hinten und von vorn gesperrt werden konnte, wodurch der weitere Zugang zur Festung unmöglich wurde. Neben einer kleinen Moschee im Obergeschoss sind im Untergeschoss weitere Räumlichkeiten, Magazine und Reste einer Olivenpresse zu sehen. Vom Turm des Ribat blicken wir auf die Moschee, über die Medina, den Hafen und das Meer und hinauf zur Kasbah. Im großen

Hafen liegen Containerschiffe aus aller Welt, im krassen Kontrast zu den verschlungenen Gassen der Souks. Im Innenhof wird gerade mit einer Ausstellung an den 50. Jahrestag der Unabhängigkeit Tunesiens erinnert (20. März 1956).

Die **Bou-Fatata-Moschee** ist die älteste Moschee in der Stadt. Sie liegt beim Südtor, am Rande der Märkte und hat eine vorgelagerte Musalla, ein offener Gebetsplatz außerhalb der Moschee. Der Überlieferung zufolge wurde diese kleine Moschee von nur acht Metern Seitenlänge um 840 errichtet, zwanzig Jahre vor der Entstehung der Hauptmoschee. Die kleinen Ausmaße sprechen für eine damals noch geringe Einwohnerzahl der Stadt. Die Bogenstrukturen in der Form von Hufeisen im Innern sind mit der Aufteilung des Betsaals der späteren Hauptmoschee vergleichbar.

In der Nähe der Hauptmoschee, in der Rue de la Sicile, wo die Wohnviertel der Altstadt in die Märkte übergehen, steht die ehemalige Koranschule *Madrasa az-Zaqqāqiya*, deren eigene Moschee von einem Minarett im türkischen Stil flankiert wird. In den kleinen Trakten der Schule waren die Schüler untergebracht, die neben dem Koran Grammatik und Rhetorik studierten. Ursprünglich handelte es sich wohl um ein Privathaus, das unter den Hafsiden in eine Schule umgewandelt wurde.

Mitten in den Märkten der Altstadt steht ein kleines Gebäude mit einer imposanten Kuppel und vorgesetztem Hof, das heute unter dem Namen *as-Sufra* (eigentlich: Esstisch) bekannt ist. Ursprünglich stand hier die größte Zisterne der Stadt, deren Fundamente mit großen Gewölben in die Zeit der Römer zurückreichen. Unter den Aghlabiden diente die Anlage als Gefängnis. Später wurden die alten Gewölbe renoviert und eine Zisterne für die Bevölkerung eingerichtet.

Aus zwei Auffangbecken in der Umgebung von Sousse wurde die Zisterne mit Regenwasser gespeist. Jetzt dient die renovierte Anlage als Museum mit dem angeschlossenen Café al-Qubba (Café zur Kuppel).

Brot und Spiele in El Djem in der römischen Provinz *Africa*

Am Nachmittag führt uns ein Abstecher nach *El Djem*. Im Zentrum des kleinen Landstädtchens steht weithin sichtbar das gewaltige römische **Kolloseum**, das etwa so viele Plätze bot wie der damals *Thysdrus* genannte Ort Einwohner zählte (etwa 30.000), ein Hinweis auf den Reichtum der Region in jener Zeit. Auch hier versuchen die Einheimischen, etwas an den Fremden zu verdienen, auch wenn sie nur kurz hier verweilen: öffentliche Toiletten gibt es nicht, nur in den Bars sind welche. Die darf man benutzen, aber nur, wenn man ein Getränk oder was anderes bestellt. Dafür haben wir Verständnis.

Tunis und Sidi bou Said

In *Tunis* besuchen wir zuerst das *Bardo-Museum* im ehemaligen Sultanspalast der Hafsidendynastie aus dem 15. Jh. Hier lassen die römischen Mosaike vergangene Zeiten lebendig werden. Ein Gang durch die Altstadt mit ihren Souks führt uns von der Ölbaummoschee (*ez-Zitouna*) zur Färbermoschee. Dort sitzt doch schon Doris und hat zwei kühle Biere vor sich stehen!

Von Tunis ist es nicht weit nach **Sidi bou Said** mit seinen engen Gassen und Treppen hoch über dem Golf von Tunis. Grundsätzlich kann man davon ausgehen, dass nordafrikanische Ortsnamen, die mit *Sidi* beginnen, auf Marabuts zurückzuführen sind, deren Kult heute noch lebendig oder auch schon verblasst ist. Bekannt ist Sidi bou Said für seine andalusische Architektur, die es den andalusischen Muslimen verdankt, die im 16. Jh. aus Spanien flüchteten. Auch seine Cafés und Kunstgalerien werden gerne besucht. Viele Touristen schieben sich durch die Sträßchen, viele Katzen sind hier zu Hause. Eine rabiate Auseinandersetzung mit Klauen und Zähnen zwischen zwei Katern ist wohl der nachhaltigste Eindruck, den wir von hier mitnehmen.

Antikes und neues Karthago
Das antike und das neue Karthago sind nicht weit. Wir besuchen mehrere archäologische Parks mit Ruinen aus vorrömischer und römischer Zeit. Im punischen *Tophet* erinnern unzählige Grabstelen an die Kinderopfer für den Gott Baal Hammon und die Göttin Tanit, von denen der sizilisch-griechische Schriftsteller Diodorus – angeblich Augenzeuge – berichtet. Seine Schilderungen hat Gustave Flaubert in seinem Roman *Salambô* zu einem grausamen Sittengemälde des punischen Karthago verarbeitet.
Man zeigt uns die punischen Häfen und mag kaum glauben, dass sie einer großen Kriegs- und Handelsflotte Platz und Schutz boten. Wir fahren hinauf zum *Byrsa*-Hügel, wo bei Ausgrabungsarbeiten unter den römischen Fundamenten auch Überreste des punischen Viertels freigelegt wurden.
Nach der Zerstörung Karthagos (*Ceterum censeo Carthaginem esse delendam*) hatte den Römern der Boden der ehemaligen punischen Hauptstadt als verflucht gegolten. Nie wieder, so hatte der Senat in Rom angeordnet, sollten hier Menschen leben. Doch schließlich siegte römischer Pragmatismus über das Verdikt der Senatoren, denn es gab wohl nur wenige Orte, die strategisch so günstig und zugleich so malerisch gelegen waren.

Als das römische Karthago dann zu einem blühenden Handelszentrum herangewachsen war, wurde im 2. Jh. n.Ch. die **Antonius-Pius-Therme** direkt an die Küste gebaut; von ihren Terrassen bietet sich ein schöner Blick aufs Meer. Den höchsten Punkt der Stadt nimmt heute die Ende des 19. Jh.s fertig gestellte Kathedrale St. Lous ein; sie wird jedoch nicht mehr als Kirche genutzt. Das moderne Karthago ist ein hübsches Städtchen mit Villen und Gärten; auch der Palast des tunesischen Staatspräsidenten steht hier.

Nur 140 Kilometer bis nach Sizilien: Cap Bon
Die Fahrt hinaus zur Spitze von *Cap Bon* führt uns zuerst in das Städtchen **Nabeul**, das bekannt ist für sein Keramik-Handwerk. Heute, am Freitag, wird ein Wochenmarkt abgehalten, der viel Touristenkitsch, aber auch Haushaltswaren und anderes bietet. Auf dem Viehmarkt treffen sich Bauern und Züchter. Ziegen, Schafe, Kühe, Esel und einige Dromedare wechseln hier ihre Besitzer.

Das Land wird nun fruchtbarer. Der Punier Mago, ein berühmter Agronom der Antike, hatte hier seine Landgüter. An der Wende vom 19. zum 20. Jh. wurden italienische Kleinbauern angesiedelt, allerdings später von den Franzosen auch wieder vertrieben. Vorbei an *Kelibia* mit seiner mächtigen Festung aus dem 16. Jh. gelangen wir zu den Steinbrüchen von **Ghar el-Kebir** nahe El Haouaria. Die Punier und nach ihnen die Römer brachen hier das Baumaterial für die Stadt Karthago. Noch heute lassen die Höhlen und Schächte erahnen, welch schwere und gefährliche Arbeit die Sklaven hier verrichten mussten.

Schließlich erreichen wir **Kerkouane**, die einzige noch erhaltene punische Stadtanlage Tunesiens. Im Gegensatz zu allen anderen punischen Siedlungen in Tunesien haben die nachfolgenden Völkerschaften in Kerkouane die Stadtstruktur nicht überbaut. Man kann die ursprünglichen Grundrisse der punischen Häuser und den Verlauf der Straßen im Schachbrettmuster studieren. Auffällig sind in den Privathäusern die Bäder mit kleinen Sitzbadewannen. Otto Normal-Römer ging später in die öffentlichen Thermen, die Punier waren offensichtlich für mehr Intimität.

Die Ruinen von Dougga

Weit ist die Fahrt nach *Dougga*, 150 km von Hammamet. Schon im 4. Jh. v.Chr. bestand auf dem fast 600 Meter hohen Plateau über dem Qued Khaled eine numidische Siedlung. *Thougga* lag bis zu Cäsars Machtübernahme 46 v.Chr. außerhalb der römischen Provinz *Africa*, deshalb hatten sich auch viele Punier nach dem Fall Karthagos 146 n.Chr. dorthin geflüchtet. Später verschmolzen die alte numidische und die neue römische Siedlung miteinander. Das Gebiet war schon damals sehr fruchtbar, die römische Gemeinde wurde reich, viele repräsentative Privathäuser und öffentliche Bauten wurden errichtet. Imposant sind die Ruinen des römischen Theaters, das um 160 n.Chr. erbaut wurde, das ehemalige Forum mit dem Kapitolstempel und die Thermenanlage. Das Gelände ist so weiträumig und idyllisch, dass man hier gerne im Schatten eines Olivenhains rastet, sein mitgebrachtes Picknick ausbreitet und sich über den kleinen Esel freut, der es sich hier auch gemütlich gemacht hat.

Die heilige Stadt Kairouan

Der letzte Tag unserer Reise führt uns nach Kairouan, die heilige Stadt im Herzen der Steppenlandschaft Zentraltunesiens, am Kreuzungspunkt wichtiger Verkehrswege von Gafsa nach Tunis und von El Kef in die Hafenstadt Sousse. Kairouan ist Mittelpunkt einer überwiegend landwirtschaftlich genutzten Region und ihr wichtigster Marktort. Durch den Bau einer Tabakfabrik und den Ausbau der Teppichmanufakturen, in denen viele Frauen und Mädchen ein Auskommen finden, wurde auch die Industrialisierung vorangetrieben. Man darf aber nicht übersehen, dass die Löhne sehr niedrig sind. Jedenfalls ist die Stadt stark gewachsen, seit August Macke und seine Freunde 1914 hier waren. Auf ihren Fotografien und Skizzen kann man sehen, dass damals eine Besiedlung jenseits der alten Stadtmauer noch kaum erfolgt war, ganz im Gegensatz zu heute.

Noch außerhalb der von Mauern umschlossenen Medina liegen die *Aghlabiden*-Bassins, die im 9. Jh. zur Wasserversorgung der Stadt angelegt wurden. Wir fahren weiter zur *Zawiya de Sidi Sahab*, der **Barbiermoschee** aus dem 17. Jh. Hier ruht, so die Legende, der Barbier Mohammeds, Sahab, der immer drei Barthaare des Propheten mit sich geführt haben soll. Das Grabhaus, dessen Fundamente während der Gründungszeit Kairouans gelegt wurden, suchen zahlreiche Pilger auf. Durch einen Vorhof und einen überkuppelten Raum gelangt man in den Innenhof, der von Säulengängen gerahmt ist. Farbenfrohe Fayencen bedecken die Wände. Den Grabraum selbst dürfen wir nicht betreten.

Wir fahren zur *Sidi-Oqba*-**Moschee**, der Großen Moschee, nach dem Anführer der arabischen Heere, Oqba ibn nafi, benannt, der die Stadt um 671 n.Chr. gegründet hat. Mit einer Fläche von 130 x 80 Meter ist die Moschee nicht nur groß, sie ist auch von außen sehr eindrucksvoll durch die hohen, abweisenden Mauern und das wuchtige Vierkantminarett. Dessen Fundament wird in das 8. Jh. datiert und ist damit wohl der älteste erhaltene Bauteil.

Im marmorgepflasterten Innenhof erschließt sich die ganze harmonische Schönheit des Gebäudes. Ein schattiger Säulengang umgibt den Hof an drei Seiten. Einige Kapitelle verraten die Herkunft aus den nahen Ruinenstätten der Römer. Die 17 Holztore sind oft verschlossen und verwehren Nichtmuslimen den Einblick in den Gebetsraum. Wir haben Glück und können hinein schauen, sogar direkt in das Mittelschiff und auf die nach Mekka gerichtete Nische, den *Mihrab*, für den Vorbeter. Ein Wald von 414 Säulen – gezählt habe ich sie nicht – gliedern den mit Teppichen ausgelegten Gebetsraum in 17 Längsschiffe.

Beim Gang durch die Medina kommen wir an der **Moschee der drei Tore** vorbei, die ein aus Andalusien stammender Kaufmann im 9. Jh. erbauen ließ. Schöne Beispiele andalusischer Dekorationskunst sind die Steinbildhauerarbeiten über den Rundbögen der Portale. Elegante Schriftfriese wechseln mit ornamentalen Schmuckbändern ab.

Ein weiterer verehrter Ort ist der ***Bir Barouta***, ein Brunnen, der angeblich in unterirdischer Verbindung mit dem heiligen Brunnen *Zem-Zem* in Mekka steht. Die Pilger, die hierher kommen, trinken das als heilkräftig geltende Wasser und füllen etwas für die daheim Gebliebenen ab. Das Schöpfrad wird von einem Dromedar angetrieben, das mit verbundenen Augen seine Runden um den Brunnenschacht dreht. Selbst hier ist die Moderne eingezogen, Plastikeimer ersetzen die traditionellen Tontöpfe.

Im klassisch-maurischen schwarz-weißen Dekor präsentiert sich der Innenhof der ***Zawiya de Sidi Abid el-Gariani***, ein Mausoleum aus dem 14. Jh. El-Gariani war ein weiser und frommer Mann und Wohltäter. Auch in der Medina von Kairouan stehen Häuser im weißb-blauen andalusischen Dekor. Man findet kleine Läden mit Gewürzen, Früchten und Gemüse, trifft auf Stoff- und Tuchhändler, Sattler, Schuster. Emsiges Markttreiben herrscht um das *Bab ech-Chouhada*, das Märtyrer-Tor. Hier findet man wieder alles, was man als Einheimischer zum Leben braucht.

Ein Jugendzentrum in Hammamet

Nach all den Moscheen und Souks, den antiken Ruinen und Museen ist der Besuch eines Jugendzentrums in Hammamet eine willkommene Abwechslung. Es sind Schulferien, und so ist der Jugendtreff schon am Vormittag gut besucht. Wir werden bereits erwartet, eine Mädchengruppe empfängt uns mit Singen und Tanzen. Die Mädchen sind einheitlich gekleidet: weiße Bluse, blauer Rock, blaue Krawatte, helle Strümpfe und Schuhe, weißes Schleifchen im Haar, aber es sei keine Schuluniform, wird uns gesagt. Vielleicht treten die Mädchen öfters auf. Die anderen Mädchen und die Jungs sind leger gekleidet. Neben dem Leiter, der Englisch spricht, sind weitere Betreuerinnen und Betreuer da. Ein Haus mit mehreren Räumen und eine Freianlage gehören dazu. Innen wird gemalt und gebastelt. Die Kinder malen Figuren aus, die vorgedruckt sind. Es geht diszipliniert zu, Kreativität scheint nicht so sehr gefragt zu sein. Unter den Arkaden spiele ich mit einigen Jungs Tischtennis. Es gibt Bücher zum Lesen. Ich weiß ja: Arabisch schreibt man von rechts nach links. Dennoch nehme ich das erste Buch falsch herum in die Hand und bin überrascht, dass ich den Anfang dort suchen muss, wo ich gewohnt bin, das Ende zu finden. Wir gehen mit dem Eindruck fort, dass der Jugendtreff eine erfreuliche und gut geführte Einrichtung ist.

Ausklang. Die letzten Tage verbringen wir am Strand, wir lassen das Erlebte noch einmal an uns vorüberziehen.

Löwen gibt es nicht mehr in Tunesien, jedenfalls haben wir keine gesehen, wohl aber Katzen wie fast überall. Mit einer freunden wir uns an. Am zweiten Tag sitzt sie nach dem Frühstück draußen vor dem Eingang des Restaurants. Hat sie auf uns gewartet? Sie geht mit uns bis zu den Zimmern; ihren Kratzbaum lässt sie unterwegs nicht aus. Vom Wanderproviant des Vortags ist noch etwas übrig geblieben, so können wir sie füttern. Das wiederholt sich nun Tag für Tag, vom Frühstücksbuffet nehmen wir Wurst mit, vom Abendbuffet gebratene Flügel vom Huhn oder Frikadellen. Für alle Fälle legen wir im Kühlschrank ein kleines Depot an. Hoffentlich findet sie nach unserer Abreise neue Gäste, die es gut mit ihr meinen.

Nicht weit vom Hotel gibt es zwischen den Hotelanlagen eine große Lücke hinter dem Strand, die von dichter Vegetation bewachsen ist. Kleine Pfade schlängeln sich hindurch. Fast möchte ich von einem Wildgarten sprechen. Es gelingt mir, noch einige Pflanzen zu bestimmen.

Hotelbedienstete stellen Liegen und Sonnenschirme am Strand auf, vereinzelte Gäste lassen sich nieder. Die Badesaison kann beginnen. Aber noch ist das Wasser erst 16, 17 Grad warm, und länger als einige Minuten mögen wir nicht schwimmen.

Zur späteren Erinnerung an einen gelungenen Urlaub erwerben wir nützliche Gerätschaften aus Olivenholz für den Haushalt. Hübsch sind auch kleine Messingarbeiten. Originell sind die tunesischen Vogelkäfige, die kleinen kuppelgeschmückten Palästen gleichen. Man sieht sie häufig in den Souks, die meisten sind aber billig und schauen plump aus. Schließlich finden wir in einem Laden in Hammamet das einzige Exemplar, das ebenso elegant wirkt wie jenes im Hotelfoyer; es übersteht den Rückflug unbeschadet.

Rückblick und Ausblick

Bei unserer nächsten Reise nach Tunesien würden wir gern auch in den Süden reisen, nach Touzeur, der alten Oasenstadt, zu den Bergoasendörfern nahe der algerischen Grenze, fast am Ende der Welt, und den Chott el Djerid überqueren, den größten Salzsee der Sahara. Aber nach der Revolution 2011 und den großen politischen und gesellschaftlichen Veränderungen ist eine nochmalige Reise fraglich geworden.

Tunesiens Geschichte zwischen der Befreiung vom osmanischen Joch und der Wahl im Oktober 2014

Im 19. Jh. wurde das Osmanische Reich immer schwächer, man sprach schließlich vom osmanischen Sultan als vom *Kranken Mann am* Bosporus, und sein Einfluss ging im gesamten Mittelmeerraum dramatisch zurück. Das nutzte Frankreich, französische Truppen drangen unter einem Vorwand 1881 in Tunesien ein und eroberten innerhalb weniger Wochen Tunis, ohne auf nennenswerten Widerstand zu stoßen. Tunesien wurde französisches Protektorat, Frankreich gliederte das Land in sein Kolonialreich ein und vertrat in der Folge Tunesien auf dem internationalen Parkett. Tunesien blieb Monarchie, der Bey von Tunis musste jedoch fast seine gesamte Macht an den französischen Generalresidenten abgeben.

Auf wirtschaftlichem Gebiet gab es Fortschritte: Banken und Unternehmen wurden gegründet, die landwirtschaftliche Nutzfläche wurde erweitert und für den Anbau von Getreide und Oliven genutzt. 1885 wurden beträchtliche Phosphatvorkommen in der Region Seldja entdeckt. Nach dem Bau einiger Eisenbahnlinien begannen der Abbau von Phosphat und Eisenerz. Ein zweisprachiges Bildungssystem wurde eingeführt, das es den Eliten Tunesiens erlaubte, sich auf Arabisch und Französisch fortzubilden.

Am Beginn des 20. Jh.s begann der Widerstand gegen die französische Besatzung. Die nationale Bewegung bekam mehr und mehr Zulauf, und zu Ende des Ersten Weltkriegs wurde die **Destur-Partei** gegründet, aus der später die *Neo Destour* hervorging, die nicht nur für Unabhängigkeit, sondern auch für den Laizismus eintrat. Schon in der *Neo Destur* spielte der Anwalt und spätere Staatspräsident **Habib Bourguiba** eine wichtige Rolle. Nach dem Zweiten Weltkrieg wurde der bewaffnete Widerstand Teil der Strategie zur nationalen Befreiung. Frankreich mobilisierte 70.000 Soldaten, um die tunesischen Guerilla-Gruppen unter Kontrolle zu bringen. Diese Situation wurde erst mit der Zusicherung innerer Autonomie an Tunesien entschärft.

Seine Unabhängigkeit erlangte Tunesien 1956, im selben Jahr wurde die konstituierende Nationalversammlung gewählt. Die Néo-Destour gewann alle Sitze, Bourguiba wurde Premierminister. 1957 wurde die Monarchie abgeschafft, der Bey musste abdanken, Tunesien wurde Republik, Bourguiba wurde zu ihrem ersten Präsidenten gewählt.

Die Rechtsgrundlagen der Verfassung orientierten sich am französischen Recht. Der Islam war Staatsreligion. Tunesien war jedoch das einzige arabische Land, das das islamische Rechtssystem Schari'a in seiner Verfassung von 1959 abschaffte. Tunesien verfügte nun über ein Parlament. Im Familienrecht (Eheschließung, Scheidung, Sorgerecht) wurden die Frauen den Männern gleichgestellt

Nach der Ermordung der wichtigsten Oppositionellen seit 1955 sowie des Verbots der Kommunistischen Partei wurde die tunesische Republik zu einem von der Néo-Destour geführten **Einparteienstaat**. Auch die Nachfolgerin, die 1988 gegründete Konstitutionelle Demokratische Sammlung (RCD), war bis Januar 2011 die dominierende Partei.

Zu Beginn der 1980er Jahre geriet das Land in eine politische und soziale Krise. 1987 setzte Ministerpräsident **Ben Ali** den Präsidenten Bourguiba wegen Senilität ab. Ben Ali wurde 1989 mit 99 % der Stimmen zum neuen Präsidenten gewählt und schaffte es in der Folge, die Wirtschaft wieder anzukurbeln. Er bekämpfte den radikalen Islamismus und ersparte Tunesien die Gewalt, die Algerien erschütterte.

Die politische Opposition und Nichtregierungs-Oorganisationen begannen derweil, das Regime der Einschränkung von Bürgerrechten zu beschuldigen, weil es die Repression über die Bekämpfung des radikalen Islamismus hinaus ausweitete. Die Präsidentschaftswahlen von 1999 waren die ersten pluralistischen Wahlen in der Geschichte des Landes, wurden jedoch von Ben Ali mit einem ähnlichen Stimmenanteil wie in den vorangegangenen Wahlen gewonnen. Die Verfassungsänderung des Jahres 2002 steigerte noch den Machtumfang des Präsidenten.

Im Vorfeld der Wahlen im Oktober 2009 führte die Regierung strenge Einschränkungen der Meinungs, Presse- und Versammlungsfreiheit ein. Öffentliche Kritik wurde nicht geduldet. Es gab Berichte, dass Oppositionelle durch strafrechtliche Ermittlungen, willkürliche Verhaftungen, Reisebeschränkungen und Kontrollen gezielt eingeschüchtert wurden, um Kritik zu verhindern. Lokale und internationale Nichtregierungs-Organisationen berichteten, dass Sicherheitskräfte Gefangene misshandelten. Ben Ali wurde mit 89 Prozent Stimmenanteil im Amt bestätigt; die nächste Präsidentschaftswahl sollte Ende 2014 stattfinden.

Am 4. Januar 2011 starb in einem Krankenhaus in Tunis **Mohamed Bouazizi**, ein 26-jähriger Mann, an den Verletzungen, die er sich bei einer Selbstverbrennung am 17. Dezember 2010 zugefügt hatte. Der Gemüsehändler hatte sich selbst vor dem Gouvernementsgebäude in Brand gesetzt, um gegen die Konfiszierung seines Obst- und Gemüsestands durch die Polizei zu protestieren. Es folgten Solidaritätskundgebungen im ganzen Land, die sich zu regimekritischen Kundgebungen ausweiteten. Forderungen nach Presse- und Meinungsfreiheit mischten sich mit Kritik an Korruption und Zensur. Der Ärger der Tunesier richtete sich auch gegen die Kleptokratie in der Umgebung Ben Alis, insbesondere durch die zahlreichen Verwandten seiner Frau, die durch politische Einflussnahme wichtige Unternehmen in Tunesien in Besitz genommen hatten.

Während der Unruhen kam es im Januar 2011 zur Verhängung einer Ausgangssperre über die Hauptstadt und Teile ihrer Vororte. Präsident Ben Ali reagierte auf die Unruhen mit der Ausrufung des Ausnahmezustandes. Er löste die Regierung auf und kündigte vorgezogene Neuwahlen an, bevor er nach immer lauter werdenden Protesten am 14. Januar fluchtartig das Land verließ. Am 3. Februar 2011 kündigte Interimspräsident Mebazaâ in einer Rede an die Nation die Wahl einer Verfassunggebenden Versammlung an, die den endgültigen Bruch mit dem Ben-Ali-System einleiten sollte. Die tunesische Volkserhebung löste als *Arabischer Frühling* fast im gesamten arabischen Raum ähnliche Bewegungen aus, die unter anderem in Libyen und Ägypten die dortigen Machthaber stürzten.

Am 23. Oktober 2011 fanden die ersten freien Wahlen zu einer Verfassunggebenden Versammlung statt, aus denen die islamistische Partei *Ennahda* als stärkste mit 90 der 217 Sitze hervorging. Die Ennahda-Bewegung wurde auch nach ihrem Wahlsieg zur Verfassungsgebenden Versammlung differenziert eingeschätzt: ihre Mitglieder seien bürgerlich-konservative Muslime, moderate Islamisten oder militante Islamisten. Zwar hatte die Ennahda die Aktionen der Islamisten stets verurteilt und ihr Wahlprogramm war moderat verfasst (z. B. Geschlechtergerechtigkeit), doch befürchteten nicht wenige Tunesier, dass diese Forderung als Deckmantel nach einem Wahlsieg abgelegt werden könnte. Ennahda (Wiedergeburt) stellte den Premierminister.

2012/13 kam es zu Übergriffen auf Abgeordnete und Politiker, die nicht der Ennahda-Partei angehörten. Die Ermordung von Oppositionspolitikern führte zu Massendemonstrationen gegen die Regierungspartei. Auch viele Frauen fühlten sich nach dem Sieg dieser Partei in ihren Rechten gefährdet, die ihnen schon Bourguiba 1956 und danach Ben Ali zugestanden hatten. So sollten sie zum Beispiel dem Mann nicht mehr gleichgestellt sein, sondern ihn ergänzen.

Am 7. Februar 2014 wurde die neue Verfassung, auf die sich eine Mehrheit von 200 Abgeordneten (von insgesamt 216) geeinigt hatte, verabschiedet. Sie ist bisher einzigartig in der arabischen Welt. Sie garantiert die Gleichstellung von Mann und Frau. Ein autokratisches Regime soll durch eine Verteilung der Macht zwischen Präsident und Premierminister verhindert werden. Ein Verfassungsgerichtshof wird die Rechtmäßigkeit zukünftiger Gesetze überwachen. Damit soll die Gewaltenteilung besser geschützt werden.

Einer der Streitpunkte war die Rolle der Religion. Während die Präambel und Artikel 1 der Verfassung zwar den Islam erwähnen, ohne auf seine Bedeutung für den Staat einzugehen, wird der nachfolgende Text konkreter. Artikel 6 garantiert Glaubens- und Gewissensfreiheit und sogar – undenkbar in anderen arabischen Ländern – das Recht auf gar keinen Glauben, um jedoch nur einen Halbsatz später festzulegen, dass der Staat *das Heilige* beschützt. Der Islam ist Staatsreligion, aber die Scharia nicht Rechtsquelle.

Neben der Rolle der Religion war das Thema *Gleichberechtigung* wichtig. Bereits 1956, nach der Unabhängigkeit, wurden in Tunesien Frauen weitgehend gleichgestellt, sie durften wählen und die Scheidung einreichen. Lediglich das islamische Erbrecht, in dem Söhnen höhere Erbanteile als Töchtern zustehen, wurde beibehalten. Neue Artikel stellen Männer und Frauen nicht nur vollkommen gleich und garantieren Chancengleichheit, sondern sprechen sich auch dafür aus, dass eine bestimmte Zahl der Sitze in Stadt- und Landräten an Frauen vergeben werden muss.

Bei den Parlamentswahlen am 26. Oktober 2014 hat sich die säkulare Partei **Nidaa Tounes**, ein Sammelbecken verschiedener politischer Kräfte, mit mehr als einem Drittel der Stimmen knapp gegen die islamische *Ennahda*-Bewegung durchgesetzt. Ennahda, die aus den postrevolutionären Wahlen 2011 als stärkste Kraft hervorgegangen war und seitdem das politische Leben dominierte, wurde für ihre unbeliebte Politik in der Regierung abgestraft.

Nur 60 Prozent der 5,2 Millionen registrierten Wähler (bei elf Millionen Einwohnern) waren an jenem Sonntag unter hohen Sicherheitsvorkehrungen zu den Urnen gegangen, deutlich weniger als 2011 bei den Wahlen zur Verfassungsversammlung. Vor allem junge Menschen waren den Urnen ferngeblieben. Enttäuschte Hoffnungen auf schnelle wirtschaftliche Reformen, auf Senkung der Arbeitslosigkeit und Reform der Institutionen waren es, für die insbesondere Ennahdha einen Denkzettel von den Wählern erhalten hat.

Natürlich werde man die Wahlergebnisse akzeptieren, sagt Ennahdha. "Wir haben gezeigt, dass der arabische Frühling eine Realität ist. Tunesien ist ein Mosaik verschiedener

Kräfte, das erleben wir gerade. Die Partei zahlt den Preis für ihre Regierungsbeteiligung in der Übergangsphase."

Nidaa Tounes ist ein Sammelbecken säkularer Kräfte, aber auch für Anhänger des Ben-Ali-Regimes. Geführt wird die Partei vom 87-jährigen **Beji Caid Essebsi**, der in den ersten Monaten des Arabischen Frühlings als Übergangspremier fungierte, aber schon unter Staatsgründer Habib Bourguiba Minister war. Er plädiert für einen „möglichst breiten Konsens. Der fundamentale Unterschied zwischen uns und Ennahda ist", erklärte er, „wir befinden uns in einem demokratischen Prozess, während die Islamisten ihre Weisungen einzig von Allah empfangen und nicht vom Volk."

Das Klima in Tunesien, dessen Volksaufstand 2011 den Arabischen Frühling einleitete, sei allerdings angespannt, wird gesagt. Anders als 2011 sei die Euphorie der Jugend verflogen, Desillusion und Apathie seien verbreitet. Kaum seien die Wahlergebnisse veröffentlicht, mache sich bereits große Skepsis in der Bevölkerung breit. Viele Tunesier hätten nicht aus reiner Überzeugung ihre jeweilige Partei gewählt, sondern vielmehr aus nüchternem Kalkül, um die Macht des politischen Gegners zu mindern.

Aus den Präsidentschaftswahlen Ende November ging Essebsi als Gewinner hervor, seit 31.12.2014 ist er der erste demokratisch gewählte Präsident; er ernannte am 5. Januar 2015 Habib Essid, einen Parteilosen, zum Premierminister einer Koalitionsregierung, in der auch Ennahda vertreten ist. Auch dieser Regierung der Nationalen Einheit stehen unpopuläre Entscheidungen ins Haus: Subventionen kürzen, den überdimensionierten Staatsapparat reduzieren, Rezepte gegen die wachsende Arbeitslosigkeit finden.

Tunesien steht vor kolossalen Herausforderungen, die demokratische Entwicklung ist kein Selbstläufer.

In den westlichen Ländern wurden die Wahlergebnisse begrüßt. Der Wahlsieg von Nidaa Tounes, die friedlich abgelaufene Machtübergabe beweise, dass der Übergang zu Demokratie und Stabilität nach den Ereignissen des arabischen Frühlings erfolgreich sein könne. Dies sei ein Lichtblick in der sonst krisengeschüttelten Region. Zugleich werde deutlich, dass die Unterstützung der EU für eine starke Zivilgesellschaft, die religiöse Überzeugungen respektiert und demokratische Werte fördert, der richtige Weg sei.

Die Terrormiliz IS hat in Tunesien großen Zulauf
Eine tiefgreifende Wirtschaftskrise und die Perspektivlosigkeit der tunesischen Jugend bilden den gefährlichen Nährboden für die Radikalisierung junger Tunesier. Es ist keine Überraschung, dass junge Tunesier leichte Beute für Prediger sind, die Freiwillige für IS anwerben. „Meine Cousins und ein Schulfreund sind bereits in Syrien. Sie haben die richtige Entscheidung getroffen. Zwei sind Märtyrer, der Stolz ihrer Familien. Ihr Tod hat mehr bewegt als mein ganzes Leben", sagt der 22-jährige Kamal, der sich mit vier anderen eine Cola Light im Café Univers in Tunis teilt: „Und wir? Sitzen im Kaffeehaus, um die Zeit totzuschlagen."
Überraschend ist allerdings die Zahl junger Tunesier, die sich rekrutieren lassen. 3.000 kämpfen derzeit in Syrien, neben dem saudi-arabischen das größte ausländische Kontingent, weitere 6.000 wurden nach Angaben des tunesischen Innenministeriums allein 2014 durch Kontrollen und neue Gesetze von der Reise in das Kriegsgebiet abgehalten. Viele Freiwillige des IS kommen aus Tunis' Vorort Tadammon, wo jeder wenigstens einen jungen Dschihadisten kennt, aber kaum einen, der einen richtigen Job hat. „Unsere einzige Abwechslung ist beten zu gehen. Und in

der Moschee erfahren wir, was es heißt, ein echter Muslim zu sein", sagt Kamal und: „Ihr werdet es schon noch sehen. Der Islamische Staat ist dem ganzen westlichen Firlefanz weit überlegen. Die haben Werte und einen Glauben, die bauen etwas Richtiges auf."

Vor acht Jahren hat Kamal einen Pflichtschulabschluss geschafft. Seither wartet er darauf, dass sein Leben beginnt. So wie Chakri, 45, der das seit 25 Jahren tut. Er hatte noch nie einen Job und lebt bis heute bei seinen Eltern. „Wir führen ein Leben ohne Existenz", meint er: „Wen wundert es, dass die Jungen kämpfen und nicht resignieren wollen?"

Dass gerade Tunesien zur Hochburg der IS-Kämpfer wurde, scheint trotzdem absurd. Kein anderes Land der *Arabellion* schaffte den Übergang von der Diktatur eines Langzeitherrschers zu demokratischen Verhältnissen. Ungelöst bleibt aber die Frage, welche Chancen die neuen Machthaber der Bevölkerung bieten können. Die Jugendarbeitslosigkeit liegt bei 40 Prozent, selbst ein Drittel der Uniabsolventen findet keinen Job. Die tristen Perspektiven erklären jedoch nur zu einem Teil die hohe Anziehungskraft des IS auf Jugendliche. Denn die Islamisten haben zwei Gesichter. Da ist z.B. Noureddine Khadmi, der ab 2011 als Religionsminister im Amt war. Er hat in einer Moschee gepredigt, dass er in den Dschihad ziehen würde, wenn er jung wäre. Mit solchen Parolen wurde Jugendlichen vermittelt, dass es richtig sei, nach Syrien zu gehen.

Es gibt eine Organisation mit dem sperrigen Namen *Verein zur Rettung von Tunesiern, die im Ausland festgehalten werden.* Es ist ein Zusammenschluss von Familien, deren Angehörige in Syrien kämpfen. Einer ist Hashmi Aroumi. Der 18-Jährige hätte in Tunesien alle Chancen auf ein gutes Leben gehabt: Die Familie Aroumi ist wohlhabend und lebt in Sousse, Tunesiens drittgrößter Stadt. „Wir hatten keine Ahnung, was in Hashmi vorging", sagt Hashmis älterer Bruder: „Er hörte laute Musik, trug moderne Jeans, war der Beste seiner Klasse im Gymnasium, vor allem in Mathematik. An nichts hat es ihm gefehlt. Einzig: Wenig Freunde hatte er. Er war ein stiller, verschlossener Junge. Und er ging beten, jeden Freitag, da haben sie ihn geködert."

Am 31. Juli 2013 war Hashmis Zimmer am Morgen leer. Es dauerte Wochen, bis die Familie herausfand, was geschehen war. Er wurde über die Grenze in ein Trainingslager nach Libyen gebracht. Dort lernte er, mit Waffen umzugehen und bekam einen libyschen Pass. Darum verlor sich anfangs jede Spur. Schließlich gelang, es über Facebook Kontakt mit ihm aufzunehmen. Er schrieb, er sei nach Syrien gegangen und habe sich der *Jabhat an-Nusra* (einer Al-Kaida-nahen Rebellenfraktion) angeschlossen. Später zählte er zu jenen Dschihadisten, die sich unter dem Namen *Islamischer Staat* von an-Nusra abspalteten. Er war damals 17, ein Minderjähriger, den sie de facto verschleppt haben. Fast täglich schreibt Hashmi seinem Bruder aus dem syrischen Raqqah, der Quasi-Hauptstadt des Kalifats. Er schildert, was für ein wundervolles Leben er nun führe und wie weit der IS bereits beim Aufbau eines eigenen Staates gekommen sei. „Er versichert uns, dass er niemals nach Tunesien zurückkommt. Er ist eher davon überzeugt, dass auch Tunesien bald Teil des Kampfgebietes sein wird."

„Wir steuern auf ein sehr großes Problem zu", sagt ein 32-jähriger Unternehmer, dem es gelungen ist, seinen jüngeren Bruder aus Syrien zurückzuholen: „Die Rekrutierer der Islamisten haben es auf die gut Ausgebildeten abgesehen, besonders auf Ingenieure und Mathematik-Absolventen mit akademischem Abschluss. Mir hat ein Uni-Professor erzählt, dass allein im Oktober drei seiner Maschinenbau-Studenten nach Syrien verschwunden sind".

Tatsächlich belegen die Daten des tunesischen Innenministeriums, dass nicht nur die Underdogs der Vorstädte in den Dschihad ziehen. Die meisten in der Tunesier-Kolonie im IS sollen zwischen 17 und 27 Jahre alt sein, ein Gutteil von ihnen mit einem akademischen Grad.

Aus Sicht vieler säkularer Gruppen in Tunesien ist für den Exodus nach Syrien die seit 2011 regierende Ennahda-Partei verantwortlich, die dem Sammelbecken der internationalen Muslimbruderschaft entstammt, aber mit radikaleren Netzwerken zumindest lose verbunden ist. Dazu zählt *Ansar al-Sharia,* die international als Terror-Gruppe eingestuft wird. Mitglieder solcher Gruppierungen zogen einst in den Heiligen Krieg nach Afghanistan, später schickten sie ihre Anhänger in den Irak, um für den dortigen Al-Kaida-Ableger zu kämpfen. Diese alten Netzwerke besorgen nun tunesischen Nachschub für den Islamischen Staat.

Das Regime des gestürzten Präsidenten Ben Ali hatte zehntausende Extremisten in Gefängnissen weggesperrt. Dank großzügiger Amnestie-Regelungen nach der Revolution kamen viele von ihnen frei und schlossen sich militanten Gruppieren an, denen die Ennahda-Partei kaum Einhalt gebot. Das wurde erst ruchbar, als Islamisten 2013 zwei säkulare Menschenrechtsaktivisten ermordeten. Nachdem die aus Experten zusammengesetzte Übergangsregierung die Macht übernahm, stellte der neue Religionsminister entsetzt fest, dass 1100 der 5100 Moscheen Tunesiens in der Hand radikaler Prediger waren. Heute sollen rund 100.000 Tunesier offen mit islamistischem Gedankengut sympathisieren. Die größte Angst der tunesischen Sicherheitskräfte ist derzeit nicht, dass noch mehr Dschihadisten nach Syrien aufbrechen könnten, sondern dass sie ihre Fantasien vom Heiligen Krieg im eigenen Land ausleben könnten.

Aktuelle Sicherheitshinweise des Auswärtigen Amts
Von Reisen in die Gebirgsregionen nahe der algerischen Grenze im Bereich von El Aioun bis Kasserine sollte aufgrund von möglichen bewaffneten Auseinandersetzungen abgesehen werden. Im Westen ist abseits der Hauptverkehrsrouten generell besondere Vorsicht anzuraten. Mit starker Militär- und Polizeipräsenz in diesen Regionen sei zu rechnen. Von nicht dringend notwendigen Reisen in das Gebiet südlich einer Linie, die von der Grenze zu Algerien über Tozeur-Douz–Medenine bis El Marsa/Jorf (Fährstation nach Djerba) führt, wird abgeraten. Wegen des im Süden des Landes und besonders in den Wüstenregionen bestehenden Entführungsrisikos rät das Amt davon ab, Touren - auch organisierte Fahrten - in die Wüste zu unternehmen. Generell wird empfohlen, außerhalb der Touristenzentren längs der Mittelmeerküste besondere Vorsicht walten zu lassen und Fahrten über Land nach Einbruch der Dunkelheit aus Sicherheitsgründen zu vermeiden.
Ein Anschlag am 18.3.2015 auf das Bardo-Museum in Tunis hat dem Land und dem Tourismus einen Schlag versetzt. 21 Menschen, davon 20 Touristen, wurden getötet. Die beiden Attentäter wurden von Sicherheitskräften getötet, nach Helfern und Hintermännern wird gesucht. Ob die Täter dem IS oder der mit Al Kaida verbündeten Bewegung Okba Ibn Nafaa nahestehen, ist Ende März ungeklärt.

Literatur
Tunesien. ADAC Reiseführer plus. 2008. Mit extra Karte zum Herausnehmen.

Ägypten – Korallenriffe, Wüste, Tempel, Gräber am Roten Meer und im Niltal

Marsa Alam im März und El Quseir im Juni 2012

Damals notierte ich: Wir sind wohlbehalten aus Ägypten zurück. Wir sind **nicht** von Kindern der Revolution gesteinigt worden, einen Hai haben wir weit und breit **nicht** gesichtet, **kein** giftiger Fisch hat uns angegriffen, noch nicht einmal in die Stacheln von Seeigeln sind wir getreten. Aus unserer Sicht war mit dieser Reise kein größeres Risiko verbunden als mit jeder anderen Reise in ein fremdes Land in den Tropen oder Subtropen.

Ein Meeeresforscher berichtet

„An einem heißen Junitag saß ich in der Berliner U-Bahn zwischen Ruhleben und Wittenberg Platz und lenkte in der stickigen und schwülen Luft des Abteils ungewollt die Aufmerksamkeit der schwitzenden Mitfahrer auf mich. Ich hatte einen dicken blauen Skipullover an und tat so, als ob mir die Hitze nichts ausmachen würde. Es war mein erster Schritt zur Verwirklichung eines Jahre alten Plans: ich wollte in zwei Wochen ans Rote Meer fahren, um im Korallenriff zu tauchen. Da ich überall las, am Roten Meer sei es im Hochsommer unerträglich heiß, hielt ich es für angebracht, mich schon zu Hause darauf vorzubereiten – mit einem Skipullover im Sommer.

Tauchen konnte ich bereits. Mit zwölf Jahren hatte ich in einem alten Arm der Elbe Unterwasserfotos gemacht, auf denen mal das Bein meines älteren, gleichfalls tauchbesessenen Freundes, mal die grauen, unscharfen Umrisse einer Alge zu sehen waren. Damals verlor ich meine Angst vor dem Wasser in einem eiskalten Steinbruch, der bis oben hin vollgelaufen war. Schwebend, mit einem Luftkissen auf dem Rücken, das von der Oberfläche aus durch einen Gartenschlauch mit Luft vollgepumpt wurde und aus dem ich atmete, glitt ich steile Abgründe hinab. Oft standen Schutzengel Wache, wenn diese Gerätschaften mal versagten. In Steinbrüchen, vollgelaufenen Bergwerken, alten Flussarmen, Tümpeln, auch in der Ostsee verlebte ich mit meinen beiden Jugendfreunden abenteuerlich glückliche Unterwasserstunden. Wir stiegen auch nachts ins Wasser, um Fische zu beobachten. Für mich stand fest, dass ich das Leben von Meerestieren kennenlernen und im warmen Wasser eines Korallenriffs Fotos machen wollte."

Damals war Hans Fricke (Jahrgang 1941) zwanzig Jahre alt, aufgeschrieben hat er es für sein Buch *Bericht aus dem Riff*, das 1976 im Piper Verlag München erschienen ist

Marsa Alam

Am 6. März 2012 sind wir vom Flughafen Köln/Bonn mit Air Berlin direkt nach Marsa Alam geflogen. Der Marsa Alam International Airport liegt rund 60 km Luftlinie nordnordwestlich von Marsa Alam, inmitten der Wüste fernab der nächsten Siedlungen. Wenn man, wie wir, Flug und Hotel pauschal bei einem Reiseveranstalter gebucht hat, organisiert dieser den Transfer. Öffentliche Verkehrsmittel zum Flughafen gibt es keine.

Er ist der erste Privatflughafen in Ägypten und wurde am 1. November 2001 eröffnet. Gebaut wurde er von der *M.A. Kharafi Group*, ein kuwaitisches, weltweit agierendes Unternehmen mit Firmensitz in Kuwait-Stadt. Das Forbes Magazine setzte Nasser Al-Kharafi, den damaligen Hauptanteilseigner, mit einem geschätzten Vermögen von 10.4 Milliarden $ im Jahr 2011 auf Platz 77 seiner Liste der reichsten Männer der Welt. Betreiber des Flughafens ist die Gesellschaft *Aéroports de Paris*.

Touristen können nun komfortabel in die nahe gelegenen Hotelanlagen und zu den südägyptischen Tauchbasen am Roten Meer gebracht werden. Damit entfällt die früher übliche stundenlange Busfahrt vom und zum Flughafen Hurghada in Richtung Süden.

Marsa Alam liegt am Roten Meer 131 km südlich der Stadt El Quseir und 271 km südlich von Hurghada. Nocheinmal 250 km weiter südlich liegt Asch-Schalatin nahe der Grenze zum Sudan. Edfu am Nil ist 220 km von M.A. entfernt.

Marsa Alam ist in den letzten zwei Jahrzehnten von einem Küstendörfchen mit einer Handvoll niedriger Steinhütten zu einer Kleinstadt gewachsen. Ihre Bedeutung verdankt sie dem verkehrstechnisch wichtigen Knotenpunkt der durchgehenden Küstenstraße mit der Verbindungsstraße nach Edfu im Niltal und dem Fremdenverkehr, der sich bisher vor allem in den Hotels an der Küste konzentriert. Erste Unterkünfte und Restaurants in der Ortschaft selbst weisen auf den zögerlichen Beginn einer Touristenentwicklung hin.

Klima

Die durchschnittlichen Tagestemperaturen der Region liegen in den Monaten Oktober bis März zwischen 16 und 35 °C und in den Monaten von April bis September zwischen 19 und 41 °C. Für die Monate März bzw. Juni werden folgende Angaben gemacht (Quelle: reiseklima.de):

Maximale Temperatur	29	40
minimale Temperatur	16	24
Sonnenstunden	9	10
Regentage	0	0
Wassertemperatur	22	26 – 28 °C

Die Region von Marsa Alam – das gilt auch für das Gebiet um El Quseir – ist eine der heißesten an der ägyptischen Küste. Die Entfernung vom Wendekreis (23° 27′ nördliche Breite) beträgt nur 210 km; das bedeutet, dass die Sonne Ende Juni nahezu im Zenit steht. Durch Seewinde sind die Temperaturen jedoch erträglicher als im Landesinneren. Im Winter sind die Nächte wesentlich milder als in vielen anderen Teilen Ägyptens, wo die Nächte sehr kalt sein können. Bewölkung ist im Sommer außerordentlich gering und im Winter nur gelegentlich etwas stärker. Gewöhnlich regnet es nur an ein oder zwei Tagen im Jahr und dann nur sehr wenig und kurzzeitig. Im langjährigen Mittel entfallen auf jeden Monat 1 bis 3 mm, übers ganze Jahr 14 mm.

Alle paar Jahre kommt es jedoch zu schweren Regenfällen, die eine Stunde und mehr andauern und schwere Schäden an den Straßen anrichten können. Von einem extrem ungewöhnlichen Ereignis war die Marsa Alam-Region im Dezember 2010 betroffen, kurz vor Weihnachten, als sich die Himmelsschleusen für eine Stunde gewaltig öffneten und dramatische Beschädigungen an Küstenstraßen, Hotelanlagen und Fahrzeugen die Folgen waren.

An der Küste ist es im Winter, aber auch im Sommer oft windig; die Winde kommen hauptsächlich aus Nordost und bringen Abkühlung; selten sind es warme Winde aus südlichen Richtungen. Zumeist ist es mäßiger bis frischer Wind, seltener Starkwind oder sogar Sturm mit Geschwindigkeiten über 90 km/h bis 105 km/h. Solche Winde können Staubdunst erzeugen und die Fernsicht trüben; Sandstürme sind jedoch sehr ungewöhnlich. Nichtsdestotrotz erzeugt der Wind eine ständige Strömung an der Küste; sie kann das Schwimmen gefährlich werden lassen, Hotels hissen dann die rote Flagge an ihren Küstenabschnitten.

Das Oasis-Hotel bei Marsa Alam

Das Hotel *Oasis* ist etwa 20 km nördlich von Marsa Alam direkt am Roten Meer gelegen. Die weitläufige Anlage sei einem nubischen Dorf nachempfunden, sagen die Betreiber und die Reiseveranstalter. 50 Zimmer verteilen sich auf ein- oder zweistöckige Reihenhäuschen. Jedes ist in Farbe und Architektur individuell. Die Steine zum Bau der Anlage wurden in der weiteren Umgebung aus Gesteinsformationen marinen Ursprungs gebrochen. Wo die Mauern unverputzt blieben, kann man in den Kalksteinen zahllose versteinerte Korallenstöcke sehen. (Auch am Strand ragen z.T. übermannshohe fossile Korallenstöcke auf, die vom Meer freigelegt wurden.)

Das Personal war kompetent, freundlich und zuvorkommend, die Atmosphäre angenehm locker, die ganze Anlage ansprechend, die Zimmer in Ordnung und ruhig. Das Essen am Buffet war schmackhaft, abwechslungsreich, reichhaltig, auch für Vegetarier; auch die Essen nach Karte und die Essen mit den Beduinen und eines in einem Lokal in Edfu.

Von der Terrasse unseres Hauses geht der Blick aufs Meer und die küstennahen Hügel. Unterhalb der Terrasse beginnt die Wüste. Über einen sandigen Abhang, auf dem als einziger Bewuchs *Zygophyllum*-Büsche stehen, gelangten wir zum Meer. Direkt angrenzenden Hotels gibt es nicht.

Von den Wohnhäuschen durch ein kleines Wadi getrennt sind die beiden Haupthäuser mit Rezeption, Restaurant, kleinem Laden und Tauchschule. Das Restaurant mit großer Terrasse befindet sich im ersten Stock und bietet einen Ausblick auf das Meer. Hier frühstückten wir und nahmen bei Sonnenuntergang das Abendessen ein. Zwischen Haupthaus und Küste erstreckt sich ein Swimmingpool, um den sich beschattete Liegen gruppieren. Auch von dort blickt man aufs Meer, von dort ist der Hauptzugang zum Meer; über einen Pfad erreicht man nach 50 m den Sandstrand. Hier gibt es ein mit Teppichen und Kissen ausgestattetes gemütliches Beduinencafé, wo nach dem Abendessen Kaffee nach Art der Beduinen geröstet und ausgeschenkt wird.

Die Hügel und Berge der östlichen Wüste erstrecken sich bis zum Meer, und wir konnten ungehindert im Um- und Hinterland herumlaufen. Trotz der Kargheit gibt es zerstreut Pflanzen. Neben *Z. album* finden wir *Limonium axillare*, ein Bleiwurzgewächs, eine der vielen Arten des Strandflieders. Auf Sandhügeln sitzen wie eine graugrüne Haube die niederen Büsche von *Nitraria retusa* (Nitrariaceae); die Pflanzen sind sukkulent und besitzen Dornen. Ihr Vorkommen ist auf die salinen Senken in Küstennähe an der Mündung von Wadis beschränkt. Alle genannten Pflanzen sind stark salzhaltig und werden nicht gefressen.

Ein Holzsteg führt über das Korallenriff zu einer Badeplattform, von der wir direkt über eine Treppe in schwimmtiefes Wasser am Außenrand des Saumriffs gelangten; hier konnte man schnorcheln, tauchen und die bunte Unterwasserwelt des Saumriffs erforschen.

Leider hatten wir viel kräftigen, anhaltenden Wind (Windstärke 4 – 5) und deshalb häufig starken Wellengang und Brandung, was ein genussvolles Schnorcheln am Korallenriff nur an drei Tagen ermöglichte und selbst Schwimmen stark erschwerte. An der Hälfte der Tage wehte am Steg des benachbarten Hotels die rote Fahne; Oasis hatte keine.

Diese Situation dürfte nicht die Ausnahme sein. Nach den mir vorliegenden Daten herrschen solche Windstärken, über das Jahr gerechnet, an mehr als 60 % aller Tage. Für die Taucher, das Hauptpublikum im Oasis, ist das kaum ein Problem, für die anderen schon.

Das Korallenriff am Oasis

Trotz Wellengang boten die verschiedenartigen, teilweise bunten Korallen und Fische des Riffs einen phantastischen Anblick. Auszüge aus meinen Protokollen verdeutlichen, wie viel man sehen kann, wenn man nur fünfzig oder hundert Meter von der Plattform wegschwimmt.

Aber beginnen wir erst einmal an der Wasserlinie, am landseitigen Rand des Saumriffs. Bereits beim Gang längs der Wasserlinie entdeckten wir in der seichten Lagune, die sich auf dem Dach des Saumriffs ausgebildet hat, viele interessante Meeresbewohner. Das Betreten der Lagune ist untersagt, um Zerstörungen zu vermeiden. Besonders schädlich wäre es, durch die Lagune bis zur Riffkante zu gehen und dort ins tiefere Wasser zu steigen, weil dabei die Korallenstöcke kaputtgetreten würden.

Das Leben in der Lagune ist stark von den Gezeiten beeinflusst. Ob Ebbe ist oder Flut, ob die Lagune 20 oder 200 m breit ist, ihre Grenze zum offenen Meer ist fast stets deutlich wahrnehmbar. Der Tidenhub ist zwar gering, er liegt hier bei 0,5 m, dennoch läuft bei Ebbe ein großer Teil des Wassers ab, der landseitige Rand fällt sogar ganz trocken, nur einige Pfützen bleiben dort. Im ruhigen Flachwasser sind dann viele Tiere unterwegs auf Nahrungssuche.

Aber das flache Wasser erwärmt sich auch rasch, die Wassertemperatur kann bis 45 Grad ansteigen, der Sauerstoffgehalt nimmt ab und der Salzgehalt wegen der Verdunstung zu. Die Flut bringt frisches kühles und sauerstoffreiches Meerwasser, aber meist auch starken Wellengang, der sich durch viele Schaumkronen zu erkennen gibt. Die Gefahr für die nicht festsitzenden, die sessilen Tiere, jetzt weggeschwemmt zu werden, ist nicht zu unterschätzen. Wer schlecht schwimmt oder sich nicht gut festhalten oder festheften kann, bringt sich in kleinen Höhlungen oder zwischen Allgenbüscheln in Sicherheit.

Bei Niedrigwasser sind Land-Einsiedlerkrebse und Felskrabben unterwegs, Napfschnecken in großer Zahl sind trockengefallen und haben sich fest an den felsigen Untergrund geheftet.

Auf dem Grund der Lagune wachsen vielfach Algen. In der Innenlagune findet man Grünalgen, den Meersalat und den Darmtang, großflächig im gesamten Bereich vor allem Braunalgen der Gattung Sargassum und Trichteralgen; letzteren sind von gelb- bis weißlich-brauner oder dunkelbrauner Farbe, fächer- bis trichterförmig und von aufrechtem Wuchs bis 16 cm. Ferner sieht man die bis 30 cm lange Fächeralge; jeder Thallus wächst als breites und flaches, fächerförmiges Segment mit einer kantigen Spitze und wird durch ein kräftiges Haftorgan am Untergrund gehalten. Die Farbe ist meist hellbraun bis oliv- oder gelblich-grün.

Eine auffällige Tiergruppe sind Stachelhäuter, Echinodermen. Schlangensterne in großer Zahl seihen mit langen, beweglichen Armen Plankton aus der Wasserströmung. Häufig sieht man Nadel-Seeigel in Grüppchen auf Sand und Steinen; sie schaben Algenkeimling ab. Zwischen ihren langen Stacheln finden Garnelen Schutz. Der Pfaffenhut-Seeigel hält sich tagsüber unter Steinen versteckt.

An der Riffkante, aber auch tiefer bis in die Außenriffhänge, siedelt die himbeerrrote Griffel-Koralle. Wie manch anderes kann man diese Koralle von den Stegen über das Riffdach gut sehen. Auch die Gemeine Riesenmuschel und den Arabischen Doktorfisch sieht man von da an den tieferen Stellen des Riffdachs. Über dem äußeren Riffdach, aber auch tiefer, schweben dünne, bis 1,5 m lange Flötenfische, Lauerräuber, die kleine Fische und Krebstiere jagen.

Von der Badeplattform schnorchelten wir an der äußeren Riffkante entlang und über den oberen Bereich des äußeren Riffhangs. Einfacher als die Fische sind Korallen zu identifizieren. Da wächst wieder die Himbeerrote Griffel-Koralle und die rosarote Pfötchen-Koralle; ihre Polypen sind auch bei Tag geöffnet und gut sichtbar. Darunter am Steilabfall sitzen große Exemplare einer Korallen-Kalkrotalge, ferner eine kleine Sternkoralle und ein Ovale Pilzkoralle, die aussieht wie die durch Lamellen gefächerte Unterseite des Fruchtkörpers eines Hutpilzes. Auffällig sind auch die Rote Stachelkoralle und die Chinakohl-Koralle.

An gut beleuchteten Stellen des Riffhangs wachsen Algen zwischen den Korallen, so die Dreiecks-Braunalge und die Perforierte Braunalge (oder Grüne Fensteralge) von unregelmäßiger Wuchsform, 10 bis 15 cm groß, meist gelblich bis braun mit einer zarten Grünfärbung; typisch sind die zahlreichen Perforationen, die 1-20 mm messen. Die Alge ist eine indopazifische Art, die in manchen Küstenregionen, z.B. auf Hawai, als Nahrungsmittel genutzt wird.

Die Vielfalt der Korallenwelt bietet den verschiedensten Lebewesen Nahrung und Zuflucht; die auffälligsten sind zahlreiche Fische. Im obersten Bereich des Riffhangs ist der Arabische Doktorfisch häufig und auffällig durch Farbe und Form, tiefer als 1 bis 1,5 m geht er aber nicht. Artenreich vertreten sind die Schmetterlings- oder Falterfische. Ihre auffälligen Plakatfarben und Muster sind einerseits an Rivalen und andererseits an Geschlechtspartner gerichtet; sie lösen bei den auf gleiche Nahrung spezialisierten Artgenossen Aggression aus und tragen so zur Verteilung der Individuen über den gesamten zur Verfügung stehenden Lebensraum bei; andererseits ermöglichen sie das friedliche Nebeneinander der verschiedenartigen Spezialisten.

Die meisten Falterfische sind Nahrungs-Generalisten. Zu beobachten waren Rippen- und Winkel-Falterfische beim Fressen von Korallen-Polypen und Tentakeln von Seeanemonen; daneben gehören verschiedene andere wirbellose Tiere und kleine Algenkeimling zu ihrer Nahrung. Die Fähnchen-Falterfische zupfen auch Teile von Polychaeten-Würmern ab. Ebenfalls Allesfresser sind die Tabak-Falterfische. Ein Spezialist ist der Masken-Falterfisch; er frisst ausschließlich Polypen von Geweihkorallen. Die vorgenannten Arten treiben sich vorzugsweise zwischen den Korallen herum. Rotmeer-Wimpelfische sieht man dagegen im freien Wasser um die Korallen; sie ernähren sich von Zooplankton, den im freien Wasser treibenden Kleinstlebewesen. Die größeren Planktonorganismen schnappen sich die Fische, die kleinen schwimmen ihnen einfach ins Maul.

Von Plankton ernähren sich auch die Indischen Segelflosser; in Scharen von einigen Zig Tieren ziehen sie am langsam schwimmenden Schnorchler vorbei, im Gegen- und im Überholverkehr. Scheuer sind die Rudel des Scherenschwanz-Sergeanten (mit sechs schwarzen Binden um den weißen Körper und schwarzen Schwanzflossenrändern), die vor dem Schnorchler, auch wenn er sich langsam annähert, auseinanderstieben; auch sie sind Zooplanktonfresser ebenso wie der Indopazifik-Sergeant.

In manchmal großen Schwärmen sieht man an Korallenköpfen oder Vorsprüngen, als Schnorchler meist nur von oben, die kleinen leuchtend rotorangen Juwelen-Zackenbarsche. Auffällige Fischgestalten sind die Kugelfische, von denen der Maskenkugelfisch mit einer schwarzen Maske im weißen Gesicht nicht selten ist.

Der Orangestreifen-Drückerfisch und der Gelbklingen-Nasendoktorfisch sind insgesamt dunkel gefärbt, fallen aber durch ihre namengebenden Farbmale auf. Insgesamt hell erscheint der Arabische Picasso-Drückerfisch; Form und Anordnung seiner ebenfalls blauen und gelben Male könnten tatsächlich von Picasso entworfen sein. Prächtig gefärbt durch gelbe und blaue Streifen und Felder ist der Pfauenaugen-Kaiserfisch. Der seltene Großaugenbarsch ist mal gleichmäßig rot gefärbt, mal trägt er ein Kleid mit weißen Flecken. Pinkfarbene Muster auf bläulich-grünem Grund zeichnen den Brandungs-Junker aus; er ernährt sich von kleinen Wirbellosen. Der Blaue Segelflosser mit gelben Schwanz- und Seitenflossen weidet Fadenalgen von toten Korallen, Geröll und Felsen ab. Der Spiegelfleck-Junker, schwarz mit weißer Leibbinde, frisst hartschalige Wirbellose, die mit den Schlundzähnen geknackt werden.

Ein Bindeglied in der Nahrungskette ist der Nadelstreifen-Borstenzahndoktorfisch: mit seinen borstenartigen Zähnen weidet er mikroskopisch kleine Blau- und Kieselalgen ab.

Neben Korallen und Fischen lassen sich auch einige wirbellose Tiere gut beobachten. Die hübsche, oft rot oder blau gefärbte Tentakelkrone der Röhrenwürmer ist eine raffiniert gebaute Falle für schwebende Kleinstlebewesen (Plankton) und kann bei Gefahr in die Kalkröhre zurückgezogen werden. Häufig ist die Riesenmuschel; sie ist wegen ihres breiten, oft leuchtend blauen, zuweilen auch bräunlichen, geschwungenen Mantelrands schon von weitem zu sehen. Nah verwandt ist die Schuppige Riesenmuschel. Große Exemplare liegen frei im Sand der Lagunen, junge sitzen noch fest. Leere Schalen fanden wir am Strand.

Ein amüsanter Ausflug an die Bucht Marsa abu Dabab
Das Saumriff wird immer wieder durch kleine Buchten (arab. *Marsa*) mit Sandabhängen unterbrochen. Eine solche

Bucht ist Marsa abu Dabub. Christine, Helmut und ich wollten es wagen, als Schnorchelgruppe zusammen mit fünfzehn Tauchern der Oasis-Tauchschule zu dieser Bucht zu fahren, ungefähr 10 km. Schon am Vorabend war Anprobe: wir hatten uns Neopren-Anzüge ausgeliehen, um nicht so schnell zu frieren. In aller Frühe, vor dem Frühstück, war dann Aufbruch, um bei niedrigem Wasserstand ins Meer zu steigen. Doris begleitete uns, aber nur als Zuschauerin.

Liebhaber von GPS-Koordinaten finden die Bucht bei 25' 20' Nord und 34' 45' Ost. Der Zugang ist wenig einladend, der Strand liegt versteckt hinter Pkws und Minibussen. Eine Gebühr von zehn Euro muss man auch bezahlen; sie hält vermutlich einige Touristen ab. Dafür kann man Liegen und Schirme benutzen; Toiletten sind auch vorhanden, und der Strand wird sauber gehalten. Ein wahrhaft schönes Tauchrevier ist sie nicht, diese Bucht. Sie liegt direkt an der Küstentraße, die Marsa Alam mit Hurghada verbindet. In unmittelbarer Nähe des Tauchplatzes stehen Hotelburgen, das *Sol Y Mar Abu Dabbab* und das *Marsa Alam Hilton*, die ein weiteres Mal den Bauwahn der ägyptischen Tourismusindustrie belegen, und daher ist der angrenzende Strand oftmals überfüllt mit sonnenhungrigen Touristen. Die Badenden, die an der Wasseroberfläche wild planschen und toben, haben gewiss keine Ahnung, welch faszinierendes Tauchgebiet sich zu ihren Füßen erstreckt.

Aber um diese Jahres- und Tageszeit hatten wir das Revier für uns. Der Einstieg ist einfach. Ein leicht abschüssiges sandiges Areal erstreckt sich, soweit das Auge reicht. Die Szenerie unter Wasser erscheint zunächst eintönig. Hie und da wird der sandige Boden von Seegraswiesen unterbrochen. Zur nördlichen Seite hin erhebt sich die Wand eines Riffs, das nicht zu den schönsten der Welt zählt. Auch im

Süden ist die Bucht durch ein Riff geschützt. Eine Augenwiede sind sie nicht, die mit Schlamm, Algen und Sand überzogenen Seegraswiesen. Aber sie bieten zahlreichen Meeresbewohnern Kinderstube, Unterschlupf und Nahrung. Zu den wirklichen Highlights des Tauchplatzes zählen die drei großen Exemplare der Grünen Meeresschildkröte *Chelonia mydas*, die hier leben und gemütlich die Seegraswiesen abweiden. Sie heißen auch Suppenschildkröte, sind aber inzwischen streng geschützt. Sie sind an Taucher gewöhnt, und wer sich ruhig und besonnen verhält, kann ihnen auch ganz nahe kommen. Aber beim Tauchen heißt die Devise: *Don't touch anything and leave nothing but bubbles!* Die Tiere sollen ungestört der Nahrungsaufnahme nachgehen können. Wir Schnorchler sehen sie sowieso nur von oben. Aber beeindruckend ist es schon, wenn sie zum Luftholen ganz nah bei Dir auftauchen!

Alles war wie im Lehrbuch. Auf der Oberseite der Schildkrötenpanzer hingen festgeheftet zwei bzw. drei Schiffshalter (*Echeneis naucrates*), Fische mit einem schwarzen Seitenstreifen, deren Rückenflosse zu einer gefurchten Saugscheibe umgebildet ist, mit der sie sich durch Unterdruck festheften können. Wenn die Schildkröte alle paar Minuten zum Luftholen nach oben schwimmt, lösen sie sich, aber sobald ihr Träger wieder abtaucht, heften sie sich gleich wieder fest. Die Schiffshalter werden in Ostafrika zum Schildkrötenfang verwendet. Fischer befestigen eine Leine am Schwanz des Fisches und werfen ihn ins Wasser, sobald Schildkröten auftauchen. Dann ziehen sie die Schildkröten zu ihren Booten.

Außer von Schiffshaltern wurden die Schildkröten auch von einem Schwarm Pilotfische, *Naucrates ductor*, begleitet, die zu den Makrelenartigen gehören. Die quergebänderten

Fische sind pelagisch und begleiten, ähnlich wie Schiffshalter, auch Hochseehaie, Rochen und andere große Fische.

Die eigentlichen Stars des Reviers sind die Dugongs. Es heißt, dass zwei Exemplare immer wieder hier auftauchen. Sie haben sogar Namen, sie heißen Dennis und Dougal. Die Wahrscheinlichkeit, einen hier zu sehen, soll bei 50 Prozent liegen. Wir hatten das Glück, einen zu Gesicht zu bekommen, welcher von beiden er war verriet er uns nicht. Christine war vollkommen aus dem Häuschen vor Begeisterung.

An der ägyptischen Rotmeerküste zwischen El Quseir und Marsa Alam sollen nur sieben Dugongs beheimatet sein. Keine Frage, sie sind von der Ausrottung bedroht, nicht nur im Roten Meer, sondern weltweit. Dafür ist der Rückgang der Seegraswiesen verantwortlich, der dadurch beschleunigt wird, dass küstennahe Gewässer infolge des Tourismus ständig trüber werden und die Seegraswiesen nicht mehr genügend Licht erhalten. Auch der Eintrag von Stoffen, die als Herbicide wirken, mag mit schuld sein.

Auch direkten Bedrohungen durch Menschen ist der Dugong ausgesetzt: störende Boote, Fischnetze, Bejagung. Die Bucht von Abu Dabab ist für Boote ganz gesperrt und große Flächen auch für Taucher und Schnorchler. Haie greifen angeblich nur sehr junge Dugongs an; ihnen sollen nur wenige Tiere zum Opfer fallen.

Andererseits ist die Fortpflanzungsrate der Dugongs gering, pro Jahr fünf Prozent einer Population. Die Tiere werden erst mit neun Jahren geschlechtsreif, nach einer Tragezeit von 13 Monaten wird gewöhnlich ein Kalb geboren. Die durchschnittliche Lebensdauer soll dreißig Jahre betragen, vielleicht auch fünfzig.

Es heißt, dass Dugongs ein oder zwei Schwimmer in ihrer Nähe dulden, dass sie aber Reißaus nehmen, wenn viele ihnen zu nahe kommen und gar versuchen sie zu tätscheln. Wir beobachteten die große Seekuh aus gebührender Entfernung beim Fressen. Sie findet hier reichlich Nahrung, denn wie die Schildkröten labt auch sie sich an den Seegraswiesen der Bucht. Mit ihrer rüsselähnlichen Schnauze saugt sie das Seegras geradezu aus dem sandigen Untergrund. Dabei spült sie ständig gewaltige Wolken von feinen Partikeln aus dem Maul. Dreißig Kilogramm frisst sie am Tag. Alle paar Minuten steigt sie zum Atmen an die Wasseroberfläche.

Nicht nur in den alten Zeiten der Seeschifffahrt sorgten Sichtungen der Tiere für Wirbel, hielt man die Tiere doch früher für die von allerlei Sagen umwobenen Meerjungfrauen. Noch heute ist der Trubel um die Tiere groß; ihnen bei einem Tauchgang zu begegnen ist ja ein wirkliches Erlebnis. Der ägyptische Dugong misst ausgewachsen 2,5 bis 3 m und ist zwischen 250 und 500 kg schwer. Er schwimmt für ein so großes Tier erstaunlich schnell, ungefähr mit einer Geschwindigkeit von zehn km/h, auf kurzen Strecken beschleunigt er sogar bis auf 20 km/h.

Video-Clips der Dugongs von Abu Dabab findet man auf: www.marsaalam.com/Marsa_Abu_Dabbab_Bay.html - (bei Google unter *Marsa Abu Dabbab Bay - Marsa Ala*m).

Tagesausflüge

Ausflüge ins Niltal nach Edfu und El Kab (Leitung: Mr. Ashraf von Oasis) und in die Wüste (*Astro*-Tour, Wadi el Gamal), die Begegnungen mit Ababda-Beduinen, zur Mangroven-Bucht (unter Führung von Thomas Krakhofer und Mohamed Fadlallah, Red Sea Dessert Adventures) waren interessant und haben nachhaltige Eindrücke hinterlassen; das ist eine völlig andere Welt als die unsrige. Die stunden-

langen Fahrten in engen kleinen Bussen oder zusammen-
gezwängt im Jeep waren allerdings auch sehr anstrengend.

Felsengräber bei El Kab, die Stadt Edfu, der Horus-Tempel und der Tempel des Seti

Die Führungen in El Kab und im Tempel von Edfu durch
Herrn Achmad, ein Bekannter von Mr. Ashraf, waren mise-
rabel; nach einem kurzen Gang mit uns verabschiedete er
sich, er hatte wohl keine Lizenz: „Wenn Sie Fragen haben,
ich sitze im Cafè." Falsche Angaben zur Baugeschichte,
keine Erläuterungen der Fresken und Reliefs, nichts zu den
Beziehungen zwischen den Menschen und Göttern, keine
Erwähnung des nebenstehenden Mammisi-Tempels.
Nach mehrstündiger Fahrt von Marsa Alam quer durch die
Östliche Wüste (auch Eastern dessert, Arabische Wüste)
erreichten wir **El Kab**, ein Dorf 15 km nördlich von Edfu
bei der Mündung des Wadi Hilāl in den Nil. Wir besichtigten das **Felsengrab des Paheri**, eine breite Freitreppe
führt hinauf; es ist mit zahlreichen bunten Fresken aus-
geschmückt. Paheri lebte von 1479 bis 1426 v.Chr.; er war
am Hof des Pharao Thutmosis III. als Erzieher und Ver-
walter tätig. Auf einer der Darstellungen präsentiert sich
Paheri mit dem kleinen Prinz Wadjmose auf dem Schoß.
Die Stadt **Edfu**, 130.000 Einwohner, liegt am westlichen
Nilufer, 200 km westlich des Roten Meers, 100 km nördlich
von Assuan und 85 km südlich von Luxor. Edfu ist Handelszentrum für die weitere Umgebung, eine quirlige Stadt
mit großem Markt. Bedeutung hat der Tourismus, weil hier
am Nilufer die Kreuzfahrtschiffe anlegen. An den Kais stehen dann schon Dutzende von Pferdekutschen bereit für die
Fahrt zum Horustempel. Die Kutschen scheinen aus der
Zeit zu stammen, als die Briten hier noch das Sagen hatten.

Die Umgebung von Edfu ist von Landwirtschaft im fruchtbaren Niltal geprägt. Rund um die Stadt wurden durch Bewässerungsmaßnahmen die landwirtschaftlichen Flächen beiderseits des Flusses beträchtlich erweitert. An die kleine Farm, die wir besuchten, mit Ziegen, Eseln, Rindern und Feldern, grenzt östlich direkt die Wüste.

Bekannt ist Edfu durch den großen **Tempel** aus der Zeit der Ptolemäer (300 bis 30 v.Chr.) am westlichen Stadtrand; er war **dem Himmelsgott Horus geweiht,** der in Gestalt eines Falken dargestellt wurde. Der Horustempel zählt zu den eindrucksvollsten Sakralbauten Ägyptens und gilt als der besterhaltene Tempel im ganzen Land. Der Sage nach bestand Horus in Edfu einen seiner größten Kämpfe gegen Seth. Der Horus von Edfu war ein lokaler Gott der das damalige Edfu umgebenden Region *Südliches Behdet*; deshalb trägt er auch den Namen Hor-Behdeti. Horus trat außerdem in weiteren Erscheinungsformen auf. In griechisch-römischer Zeit hieß der Ort *Apóllônos pólis megálê* bzw. *Apollinopolis Magna*, was so erklärt wird, dass Horus mit dem griechischen Gott Apollon identifiziert wurde. Der Tempel war lange Zeit bis zu den Säulenkapitellen mit Sand überdeckt, was den guten Erhaltungszustand erklärt. An seinen Rändern standen auf den Sandmassen im 19. Jh. Häuser einheimischer Fellachen, von denen ab 1860 bei der Freilegung der Tempelanlagen unter Auguste Ferdinand François Mariette hundert abgerissen wurden.

In jüngerer Zeit entwickelte sich der Ort der Tempelanlage zu einem Anziehungspunkt für den Tourismus. Die Besichtigung ist fester Bestandteil der Flussreisen auf dem Nil zwischen dem nördlichen Luxor und dem südlich gelegenen Assuan. Die Anlegestelle der auf dem Nil verkehrenden Kreuzfahrtschiffe liegt 850 m östlich der Tempelanlage.

Auf der Rückfahrt nach Marsa Alam besichtigten wir einen **Tempel des Pharao Seti I.**, 20 km östlich von Edfu. Seti war der Sohn von Ramses I. und Königin Sitre und Vater von Ramses II.; er regierte von 1290 bis 1279. Der Tempel steht oberhalb einer altägyptischen Goldgräbersiedlung. Er war aber nicht für die Sklaven in der Goldmine erbaut worden, sondern für den Herrscher oder seinen Beauftragten, wenn er zu einer Visitation kam, sodass er hier seinen Götterdienst wahrnehmen konnte.

Allah hat die Wüstenbewohner mit der Pracht der Korallenriffe entschädigt

Immer wieder hat unser ägyptischer Fahrer unterwegs vom Meer gesprochen, von der Vielfalt, Buntheit und Pracht des unterseeischen Lebens. Obwohl Nichtschwimmer, hat er es immer wieder durch eine Taucherbrille bewundert. Über die Bordwand eines Fischerbootes gebeugt, nur den Kopf im Wasser, schwebte er dann mit angehaltenem Atem über dem Grund von Lagunen dahin. Vielleicht, meinte er, habe Allah die Bewohner der an das Rote Meer grenzenden Wüstenländer für die Hitze, die Dürre und Unfruchtbarkeit an ihren Küsten mit dem Fischreichtum und aller unter dem Meeresspiegel verborgenen Pracht entschädigen wollen – Korallen, Seeanemonen, Medusen, schwebende leuchtende Tiefseebewohner, Wesen aller Formen und Farben, die einem Landbewohner so phantastisch und fremd wie von einem anderen Stern erscheinen müssen.

Exkursionen mit dem Safari-Veranstalter *Red Sea Desert Adventures*.

Die Leiter waren Mohamed Fadlallah und Thomas Krakhofer. Mohamed gehört dem beduinischen Ababda-Stamm an, der in dieser Region lebt, und selbstverständlich kennt er das Land und seine Menschen. Thomas ist Österreicher und hat langjährige Reiseerfahrung in Afrika und arabischen Ländern.

Mit ihnen fuhren wir von Marsa Alam nach Süden und Westen in die Arabische Wüste, wo auf den Reisende unerforschte Berge und Wadis warten. Die fast grenzenlos erscheinende Landschaft aus Felsen, Sand und vereinzelter Vegetation hat über Jahrtausende hinweg Aufstieg und Niedergang vieler längst vergangener Zivilisationen erlebt, die alle irgendwelche Spuren hinterlassen haben.

Die Astro-Tour

Wir fuhren von der Küstenstraße zwischen Oasis und Marsa Alam ab und einige Kilometer auf einer Sandpiste in die Wüste, wo uns einige junge Ababda-Beduinen, der jüngste noch ein Kind, mit Kamelen erwarteten. Durch ein enges Wadi ging es weiter. Die anderen sind geritten, ich ging zu Fuß und konnte auch Schritt halten. *Zygophyllum*-Büsche bildeten die spärliche Vegetation auf dem Grund des Tals. Dann weitete sich das Wadi. Zwischen hohen kahlen Bergen, vor einer beeindruckenden Kulisse, im Sand und Geröll der Wüste, lagerten wir die nächsten Stunden.

Es war alles vorbereitet: wir saßen auf Kissen im Rund, die Beduinen reichten Kaffee mit Ingwer, einer buk Fladenbrot in heißer Asche, einer wirkte als Koch, ein beduinisches Essen erwartete uns. In nächster Nähe wohnte eine Beduinenfrau mit ihren Ziegen, sie lebte isoliert von der Großfamilie in einer zeltartigen Behausung. Jeden Tag zog sie mit ihrer kleinen Herde los auf der Suche nach Futter. Auf einer geebneten Fläche war ein Gestell aufgebaut, an dem sie einen Teppich wob, wohl nicht nur zur Demonstration für uns.

Sehr zerstreut stehen hier Schirmakazien (*Acacia tortilis*); der Artname ist von den spiralig aufgerollten Hülsenfrüchten abgeleitet. Sie sind Nutzpflanzen für die Beduinen: Brennholzlieferant, Futter für Kamele und Ziegen, zu Heilzwecken das Harz, gelöst in Wasser zur Behandlung von Augeninfektionen, auch bei zu viel Magensäure.

Vor Einbruch der Dunkelheit wurden wir auf einen nahe gelegenen Hügel gefahren, auf dem ein kleines Himmelsobservatorium installiert ist. In den Wüsten lässt sich der nächtliche Sternenhimmel ohne Licht-Smog beobachten. Hier steht zusätzlich ein kleines Teleskop. Thomas zeigte uns Sterne mit einer Laserlampe, erklärte Sternzeichen, erzählte die mythologischen Geschichten hinter den Namen.

Mangrove-Tour zur Marsa Lahami-Bucht bei Berenice

Auf der Küstenstraße fuhren wir durch Marsa Alam und weiter nach Süden in Richtung Shelatin, was ein zwar fernes, aber lohnendes Ziel wäre (260 km ab Marsa Alam). Die Stadt liegt an der nördlichen Grenze des Hala'ib-Dreiecks, dem Niemandsland zwischen Ägypten und dem Sudan, und ist wenig vom Tourismus beeinflusst. Es heißt, dass hier Afrika beginnt. Wenige Kilometer südlich von Shelatin findet regelmäßig ein Kamelmarkt statt. Nur wenige Tiere werden für die Zucht angetrieben, sondern überwiegend als Arbeitstiere und die Jungtiere als Fleischlieferanten gehandelt. Die in violette Galabiyas gekleideten einheimischen Raschaid sind ein durch Kamelzucht reich gewordener Beduinenstamm. Die Tiere kaufen sie bis heute von den Volksgruppen der Bischarin und Ababda aus dem Sudan auf, die sie nur bis hierher treiben dürfen.

81 km nach Marsa Alam ist Abu Ghusun erreicht, ab 93 km Fahrt liegt auf den nächsten Kilometern bis nach Hamata

ein immer wieder unterbrochener Saum von Mangroven an der Küste, der in das Schutzgebiet des Wadi-al-Gamal-Nationalparks eingegliedert wurde. Ab und an trifft man auf Herden halbwilder Dromedare von 5-10 Tieren, die sich scheinbar ein Sonnenbad am Strand gönnen und ansonsten das dornige Gestrüpp geduldig verdauen. Beim Fotografieren sollte man nicht zu nahe herangehen, vor allem Hengste könnten bissig reagieren, auch wenn sie eine gewisse Scheu vor Menschen zeigen. Sie können ihren Kopf extrem flink bewegen, reichen mit dem langen Hals unerwartet weit und können mit ihren beeindruckenden Zähnen üble Wunden verursachen.

Wir fuhren bis Hamata an der Marsa Lahami-Bucht nördlich von Berenice, 130 km südlich von Marsa Alam. Das Hausriff am Lahami Bay Beach Resort zählt angeblich zu den schönsten Riffen Ägyptens. Fürs Schnorcheln war keine Zeit. Stattdessen sind wir zu dem teils dichten, teils lückigen Mangrovegebüsch gelaufen, die sich überall nördlich der Bucht ausbreitet. Auf den offenen Sandflächen, die bei Hochwasser überspült werden, leben zahlreiche Reiterkrabben. Mit Sand bauen die Männchen Pyramiden, die als Balzsignale Weibchen anlocken und Konkurrenten abschrecken sollen. Mangrove, Sandflächen, niedere Dünen, Flachwasserbuchten und weiße Wellenkämme weit draußen bilden eine amphibische Landschaft von eigenartigem Reiz, in die sich ein halb versandetes Bootswrack gut einfügt.

Wir beobachteten die Fischadler, die ihre Horste in die wenigen hohen Mangrovebäume gebaut haben, den Dunklen Wasserläufer, den Graufischer, die Raubseeschwalben, den Großen Brachvogel und einen Seidenreiher. Glücklicherweise hatten wir mit Helmut Stahl, im Hauptberuf Politiker, einen guten Ornithologen unter uns.

Exkursion zum Wadi-el-Gamal-Nationalpark

Bei dieser Tour besuchten wir einige der attraktivsten Gegenden der Östlichen Wüste. Der Küstenstraße folgend erreichten wir nach eineinhalb Stunden Fahrt die Einfahrt zum Nationalpark; dort stehen auch die wenigen niedrigen Häuser der Parkverwaltung einschließlich der Gästehäuser. Den Nationalpark ohne Ranger zu betreten ist verboten, Geländemotorräder und Quads sind nicht erlaubt.

Der Wadi-el-Gamal-Nationalpark (arab.: *Tal der Kamele*) ist nach dem gleichnamigen Tal benannt, das von Ost nach West tief in die Bergketten eingeschnitten ist. Zum geschützten Gebiet gehören noch weitere Wadis. Integriert in das Schutzgebiet ist ein mangrovenbewachsener Küsten- und Meerstreifen von durchschnittlich 15 km Breite. Dazu gehören vier ebenfalls mit Mangroven bewachsene Inseln.

Der Park ist einer von drei Nationalparks in Ägypten. Er ist über 100 km lang, beginnt 50 km südlich von Marsa Alam und reicht bis an die Küste des Roten Meeres. Im Wadi finden sich historisch bedeutende Plätze mit Siedlungsresten, befestigte Römerstraßen, religiöse Stätten, die von Steinbildhauern künstlerisch gestaltet waren, Felsengräber, Grabstellen des Blem-mey-Stamms, den Vorfahren der Beduinen, Karawanenstationen, Pisten, Spuren von Bergbau bis zurück in die römische und ptolemäische Zeit.

Die Gebirgszüge bestehen aus zerklüftetem Basalt- und Granitgestein mit interessanten geologischen Formationen (Verwerfungsfalten); sie erreichen ihre größte Höhe im Gebel Shayib al-Banat (2187 m). Das Wassereinzugsgebiet reicht von der Nordflanke des Gebel Hamata im Süden bis zu der Südflanke des Gebel Nugrus im Norden.

Nach einer Stunde Fahrt über Sand und Geröll erreichten wir Sikit oder Suket, die bekannteste antike Siedlung mit zahlreichen gut erhaltenen Mauerresten, und einen in den Fels gehauenen Tempel aus der Römerzeit. Nahebei sind beachtliche Verwerfungsfalten zu sehen. Wir gingen ein Seitental hinauf und standen dann am Fuß des Smaragdberges. Die Sammler vor uns hatten allerdings praktisch nichts übriggelassen. Wer wollte, konnte noch einmal ein paar hundert Meter zu den Resten der Römerstraße hinaufsteigen, die früher einmal aus dem Tal hinaus führte; auf ihr wurden die Smaragde abtransportiert.

Südlich des Haupttals liegt Cab Marfoa (oder Marfuah); die weite Landschaft aus Fels und Sand ist wieder ganz anders als die Wadis.

Das Gebiet beherbergt, gemessen an den wüstenhaften Verhältnissen, eine vielfältige Tier- und Pflanzenwelt. Wir sahen wilde Kamele mit Kälbern und eine Dornschwanzagame, fanden Schädel und Beine eines Geiers. Die hier vorkommende Gazellenart ist die Dorkasgazelle (*Gazella dorcas*). Mit nur geschätzten 25 - 30 Tieren zählt sie zu den gefährdeten Arten; gleichwohl handelt es sich um die größte Population Ägyptens. Man bekommt sie kaum zu Gesicht. An einer feuchten Stelle am Fuß einer Felswand sahen wir Kratzspuren im Sand, die von Gazellenhufen herrührten. Ebenfalls im Bestand gefährdet ist der scheue Syrische oder Nubische Steinbock (*Capra ibex nubiana*).

Der Afrikanische Wildesel (*Equus asinus* syn. *E. africanus*) war schon in römischer Zeit aus weiten Teilen seines Verbreitungsgebietes verschwunden und ist in freier Wildbahn hochgradig gefährdet. Der Mähnenspringer (*Ammotragus lervia*) steht gestaltlich zwischen Schafen und Ziegen. Der Name Ammotragus bedeutet wörtlich *Sandziege*, der im englischen Sprachraum gebräuchliche Name *Aoudad* stammt aus einer Berbersprache.

Die stellenweis zahlreichen *Zygophyllum cocineum*-Büsche (Zygophyllaceae) waren halb vertrocknet; sie gedeihen auf Kalk nicht nur in Küstennähe wie die Verwandte *Z. album*, sondern gehen weit hinein in die Wadis. Zygphyllum-Arten werden wegen ihres hohen Salzghalts nicht gefressen.

Verbreitet ist auch hier die Schirmakazie. *Higlig*, vermutlich ein lokaler Name, *Balanites aegyptica* (Balanitaceae) ist ebenfalls häufig anzutreffen. Die ausladende Krone gewährt Schatten; *Higlig* ist von ähnlichem Nutzwert für die Beduinen wie die Schirmakazie, zudem enthält sie in Teilen Saponine, die gut für eine Entwurmung sind.

Der Arak-Baum (Zahnbürstenbaum, *Salvadora persica*, Salvadoraceae) bildet oft undurchdringliche kleine grüne Dickichte. Seine Knospen, Wurzeln und Zweige werden traditionell zur Zahnpflege verwendet. Dazu werden sie abgeschnitten und anschließend solange gekaut, bis ein Ende so ausgefranst ist, dass es an eine Bürste erinnert. Anschließend werden damit die Zähne geputzt, wobei die abbrechenden Holzstücke ausgespuckt werden. Diese Zahnhölzer dienen zum Reinigen der Zähne, als Zungenschaber und zur Massage des Zahnfleisches. Man findet bei den islamischen Sitten zur Gebetsverrichtung folgende Erwähnung: *Die erforderlichen Vorschriften des Gebetes nach der Rechtsschule Hanafi sind im Folgenden: Zahnbürste aus Zahnbürstenbaum zu benutzen.* Gläubige Muslime tun das fünfmal am Tag. Diese natürliche Zahnbürste wird auch Miswak oder Siwak genannt.

In der Pflanze sind wichtige Mineralstoffe, Rohfasern, Proteine und keimhemmend wirkende Substanzen enthalten. Insbesondere Ablagerungen feinster Bassanit-Kristalle unterstützen die Reinigung der Zähne durch das Kauen der Pflanzenteile. Die Hölzer enthalten einen hohen Fluorid-

Anteil von 8 bis 22 ppm. Ayurvedische Kräuterzahnpasta enthält Wirkstoffe aus dieser Art.

Violett-weiße Blüten und auffällige Früchte (Sodomsapfel) trägt der Fettblattbaum, *Ushar* (Oscher), *Calotropis procera* (Asclepiadaceae, Seidenpflanzengewächse).

Von Kamelen und Wildtieren gern gefressen wird auch *Leptadenia pyrotechnica* (Asclepiadaceae) mit auffälligen langen Früchten (November bis März; Blütezeit August bis Dezember). Die Leptadenia-Sträucher sind 1 bis 3 Meter hoch, ihre Wurzeln reichen bis zu 12 Meter in die Tiefe! Sie besitzen meist grüne bis grau-grüne Äste, und in der Regel sind keine Blätter vorhanden.

Häufig ist Dornige Zilla *Zilla spinosa* (Brassicaceae), ebenfalls eine wichtige Futterpflanze für Kamele, aber auch für Kaninchen, Gazellen und Nubischen Steinbock. Auffällige Gebilde formt *Cocculus pendulus* (Berberidaceae), ein kletternder, im Boden verwurzelter Strauch, der auf Akazien und Balanites zu Büschen auswächst, die wie riesige Perücken auf den Tragbäumen aufsitzen. *Ochradenus baccatus*, ein Resedengewächs, sitzt auf Felsabsätzen und ist Hauptnahrung der Dornschwanzagamen.

Mövenpick bei El Quseir
- Zweiter Aufenthalt am Roten Meer im Juni
5. - 19.6.2012, Düsseldorf >Marsa Alam >Ddf (Air Berlin).
Das Mövenpickhotel und sein Hausriff in der Bucht von Al Quadim bei El Quseir haben einen fast sagenhaft anmutenden Ruf. Auch wir waren begeistert! Eine künstliche Oase am Roten Meer. Tolles Essen, Ruhe, gepflegte Atmosphäre, weitläufiges Gelände, ein wenn auch kleiner Sandstrand, freundliche Menschen in der Tauchbasis. Sogar ein blühender Garten ist vorhanden. Und dann das Riff! Phantastisch.

Aber zuerst: der Kontrast zum kühlen und regnerischen Juniwetter in Deutschland: Lufttemperaturen bis 35, 36 Grad, Wasser 26 bis 28 Grad, Regenstunden 0. Das warme Wasser war natürlich toll zum Schnorcheln und Erkunden der Korallen-Riffe.

Ich konnte an Ausflügen der Tauchbasis als Schnorchler teilnehmen und habe so noch andere Stellen des Saumriffs kennen gelernt: Bucht von *Zarib Kebir*, südliches und nördliches Ufer, 7 km südlich von El Quseir; *Abu Sawatir* 8 km nördlich von Möwenpick; *Mangrove Bay* beim gleichnamigen Resort, 30 km südlich von El Quseir.

Am Strand sind wir nach Süden bis zum Hotel *Blue Radisson* gelaufen und haben dort das Riff um die Badeplattform erkundet, nach Norden ebenfalls bis zum nächsten Resort, *Flamenco Beach* Hotel.

Mit der digitalen Kodak-Sportcamera, wasserdicht bis drei Meter, für den Strandurlaub amerikanischer Kids konzipiert, sind mir einige Unterwasserfotos gelungen, etwa von bunten Anemonenfischen. Es war ein Erlebnis, die Fische über längere Zeit und an mehreren Tagen zu beobachten. Ich lag ruhig im Wasser und freute mich über das Sonnenlicht. Für den Schnorchler waren das beste Bedingungen! Immer wieder habe ich auf den Auslöser gedrückt. Die Fische schwammen auch heftig auf mich, den sie als Störenfried empfanden, zu, bevor sie wieder abdrehten, um sich ihrer Anemone zu vergewissern.

Den Riffreport gibts im Anhang.

El Quseir

El Quseir (*al-Quṣair* ‚kleine Burg') ist eine etwa 5.000 Jahre alte ägyptische Stadt am Roten Meer, 130 km südlich von Hurghada, 103 km nördlich von Marsa Alam, 73 km nördlich des dort 2003 eröffneten internationalen Flughafens. In der Stadt und dem wüstenhaften Umland leben ca. 50.000 Menschen, darunter auch angesiedelte Ababda-Beduinen. Viele arbeiten in den großen Hotels (Resorts) längs der Küste. In der Vergangenheit war El-Quseir eine bedeutende Hafenstadt, doch mit der Fertigstellung des Sueskanals verlor sie diese Stellung nach und nach.

Die **Ababde** (Ababda), ein Unterstamm der **Bedscha**, leben in Oberägypten an der Grenze zum Sudan (u.a. im Gebel-Elba-Nationalpark) und in Nubien im Nord-Sudan als Nomaden. Ihre Sprache ist Bedscha (Bedawi), daneben auch arabisch. Sie sind meist von dunkler Hautfarbe und haben schwarzes, aber meist nicht krauses, sondern eher gelocktes Haar. Über ihre aktuelle Zahl gibt es keine Angaben.

Nach El Quseir kommen viele Beduinen aus dem Umland, um zu kaufen und zu verkaufen. Touristen kommen von südlich oder nördlich gelegenen Hotels. In El Quseir selbst gibt es keine nennenswerten Unterkünfte für Ausländer.

Die wichtigste Sehenswürdigkeit ist das an der Haupt- und Durchgangsstraße gelegene **osmanische Fort** des Sultans Selim (16. Jh.) und sein Wasserreservoir. Vor 100 Jahren stellte es das einzige Trinkwasser der Umgebung bereit, das von Aden importiert werden musste. Die Zuteilung der Wasserrationen erfolgte durch einen behördlich bestellten Aufseher. Man kann einen für ägyptische Verhältnisse gut dokumentierten Rundgang durch das Fort unternehmen (die Sprache der Informationstafeln ist arabisch und englisch) und hat vom Beobachtungsturm einen Blick über die Bucht und das Städtchen. Das angekündigte Museum im osmanischen Fort bietet allerdings nichts.

El Quseir hat alte Moscheen, al-Farran, al-Qinawi und as-Sanusi. Man kann an der Hafenpromenade mit einigen anspruchslosen Restaurants und alten Häusern entlang gehen. Selbst die verlassene Polizeistation aus der Zeit, als Ägypten unter britischer Kontrolle stand, ist ein historisches Gebäude; eine moderne Polizeistation steht am Ortsrand.

In den meeresnahen Altstadtgässchen zeigt sich ein weitgehend unverfälschtes Bild des ägyptischen Lebens mit ortsüblichen Bäckereien, Garküchen, Obstständen und vielen alten Häusern, teilweise mit Holzvorbauten. Unverfälscht heißt auch, dass es unbeschreiblich schmutzig war, viel Müll aller Art herumlag und Häuser leerstanden oder eingestürzt waren.

Alt-El Quseir (Quseir al-qadim) - Myos Hormos

In altägyptischer Zeit war Quseir als Tjaou bekannt und lag im 16. oberägyptischen Gau Mahedj, am Ende des alten Karawanenweges, der das im Niltal gelegene Koptos über die Strecke durch das Wadi Hammamat mit dem Roten Meer verband. Der antike und mittelalterliche Hafen lag in Alt-Quseir (**Qusair al-qadim**), 6 km nördlich vom heutigen Quseir. Ausgrabungen begannen 1999. Ein Papyrus vom 25. März 93 n.Chr. nennt *Myos Hormos am Erythräischen Meer* und damit vermutlich den Fundort selbst. In Altertum war Tjaou bzw. Myos Hormos (Muschel-Hafen) ein wichtiger Hafen, von dem aus die alten Ägypter u.a. zum Land Punt reisten, um Elfenbein, Myrre und Weihrauch zu kaufen (Punt wird von den Historikern am Horn von Afrika im heutigen Eritrea oder Somalia verortet).

Auch in römischer Zeit blieb Myos Hormos einer der wichtigsten Häfen am Roten Meer, zu Zeiten Strabos (gest. 87 v. Chr.) segelten von hier jährlich 120 Schiffe nach Indien. Er wurde aber später in der Bedeutung von dem weiter südlich gelegenen Berenike überrundet.

In islamischer Zeit erhielt die Stadt ihren heutigen Namen. Nachdem der antike Hafen von Myos Hormos im 3. Jh. aufgegeben worden war, gewann Quseir besonders im 13. und 14. Jh. unter den Aiyubiden und Mamluken wieder an Bedeutung und stieg zu einem der wichtigsten Häfen für die Einschiffung von Mekka-Pilgern und für den boomenden Handel mit Indien auf.

Als die Osmanen Ägypten eroberten, war Alt-Quseir jedoch erneut verlassen, sodass die neuen Machthaber etwas weiter südlich das heutige Quseir gründeten. Den Hafen nutzte man als Ausgangspunkt der Pilgerreisen nach Mekka, und während der französischen Besatzung war es ein Treffpunkt für Araber und Muslime aus dem Hedschas, um mit den Mamluken gegen die Franzosen zu kämpfen. Zudem war Neu-Quseir der einzige osmanische Hafen, über den Kaffee aus dem Jemen importiert wurde. So war der osmanische Hafen im Hochmittelalter ähnlich bedeutend wie einst Myos Hormos in der Antike.

Viel von Quseir al-qadim und seiner Umgebung ist bereits durch Hotelbauten zerstört worden, ohne dass es dokumentierte wurde. Nördlich der Stadt, unter dem Gelände des Hotels Möwenpick, lag der römische Hafen. Hunderte von Amphoren und andere Keramik konnten geborgen werden, jetzt ist das Gelände durch den Hotelbau für die Nachwelt großenteils versiegelt.

Zu der Ausgrabungsstätte des ptolemäischen Hafens *Myos Hormos* mit Fundament- und Mauerresten sowie zahllosen Tonscherben aus der römischen und osmanischen Zeit sind es nur wenige Schritte vom Möwenpick. Die tiefer liegende Fläche markiert ungefähr den Umfang des antiken bzw. mittelalterlichen Hafenbeckens. Der Boden des Hafenbeckens lag damals tiefer und ist heute von Meeressedimenten und Ablagerungen terrestrischer Herkunft aus dem Hinterland bedeckt.

Unser liebenswürdiger Guide durch das Ausgrabungsgelände, ein dunkelhäutiger Mann aus Oberägypten, war (ist) im Hauptberuf Bademeister am Strand des Hotels, zusammen mit einem Kollegen. Er sitzt auf einem Hochsitz, hält Ausschau nach den Schwimmern, hisst gelegentlich grüne, gelbe oder rote Fähnchen, variiert die Bojen-Absperrungen, und vielleicht macht er auch mal ein Nickerchen.

Bunte Gebetsfähnchen an einer dürren Tamamriske?

Von El Quseir fuhren wir auf der asphaltierten Küstenstraße nach Süden, zwischen schattenloser Wüste und schattenlosen steinigen Stränden des Roten Meeres. Alle paar Kilometer passierten wir eines dieser großen, von hohen Mauern eingegrenzten Hotelresorts, die in den letzten ein, zwei Jahrzehnten hier hochgezogen wurden. Dann bogen wir nach links auf eine Piste ab, die uns zu einem unverbauten Strand führen sollte. Im Heckfenster des Kleinbusses erschien die Piste als wallende Staubfahne, in der alles verschwand, was an uns, sechs Passagieren und einen gegen den Flugsand vermummten Fahrer, vorüberzog – flache Dünen, von Treibgut und Scherben übersäte Buchten, Dornsträucher.

Ich sah einen dürren, mit flatternden Tüchern oder Fähnchen behängten Baum am Rand der Piste, der einzige weithin, eine wohl schon vor langer Zeit verdorrte Tamariske. Mit seinem flatternden, bunten Schmuck unterbrach er die Einfabigkeit und Monotonie dieser Wegstrecke. Ich dachte an tibetische Passhöhen, wo ähnliche Zeichen winkten und flatterten, bedruckte Gebetsfahnen in den Farben des Wassers, des Feuers, des Himmels, der Erde und der Luft.

Vielleicht schlugen an dieser Tamariske ja Koransuren im Wind oder auf Stofffähnchen gekritzelte Wünsche, die, an einem geheiligten Ort in die nackten Zweige geflochten, ihre Erfüllung erwarteten.

Erst im Vorrüberfahren sah ich, dass diese winkenden Tücher und Wimpel eines rätselhaften Glaubens nur leere Plastiksäcke waren, Säcke in allen Farben, Abfall, wie er in dieser Weltgegend vor jeder Stadt, jedem Dorf, jeder Oase aufflog und nach Einkäufen und Marktgängen dem Wind überlassen wurde, der ihn dann durch die Wüste oder die Küste entlang bis zum ersten Hindernis trieb, das er damit schmücken konnte – Dornsträucher, Masten, Antennengestrüpp. Dort flatterte der Plastikmüll, bis der Wind sich drehte und Fähnchen für Fähnchen wiedere abnahm und weitertrug, hinein in die Wüste oder hinaus auf das Meer.

Anhang 1

El Kab

In der Nähe von El Kab sind die Reste der antiken Stadt *Necheb* (römisch *Eileithyia*) zu besichtigen. Necheb ist eine der ältesten Städte Ägyptens. Hier befand sich das Heiligtum der Nechbet, die eine der beiden Kronengöttinen der ägyptischen Könige war. Die Stadt hatte daher von Anfang an eine enge Beziehung zum ägyptischen Königtum und im dortigen **Nechbet-Tempel** ist in fast allen Epochen pharaonischer Geschichte gebaut worden. Die Ruinen des Haupttempels sind heute stark zerstört, während vor allem die Stadtmauer noch sehr gut erhalten ist. Weitere Ruinen sind einige Felsengräber, z. T. aus dem Alten Reich, in der angrenzenden Wüste und einige kleinere Tempel im Umfeld der Stadt. In der Zweiten Zwischenzeit, also der Übergangszeit vom Mittleren zum Neuen Reich von ca. 1648–1550 v. Chr., florierte der Ort. Weitere bedeutende Felsgräber wurden hier errichtet, so das **Grab des Paheri**.

Der Tempel des Horus von Edfu

Der Tempel ist in Nord-Süd-Ausrichtung 137 m lang und an der Pylonenfront 79 m breit. Ursprünglich war der Tempel komplett von einer Ziegelmauer umgeben, die heute nur teilweise erhalten ist; zwischen ihr und der eigentlichen Außenmauer verlief ein nach oben offener Gang. Der 36 m hohe Pylon am südlichen Tempeleingang besteht aus zwei massiven, aber innen auf vier Ebenen mit Räumen begehbaren Türmen, die das Hauptportal einrahmen.

Beidseits des Portals sind je zwei senkrechte Aussparungen in der Fassade erkennbar, die der Aufnahme von Fahnenstangen mit aufgepflanzten Standarten dienten. Zwischen ihnen befinden sich auf beiden Seiten ein Relief des Hauptgottes des Tempels Hor-Behdeti (Horus von Edfu) und seitlich zum Portal ein kleineres Relief der Göttin Hathor von Dendara, einer lokalen Form der Göttin Hathor des Ortes Dendara 130 km nördlich von Edfu. Die Götter blicken nach außen auf zwei Großreliefs an jeder Fassadenseite, wo ihnen der Pharao Ptolemaios XII. Gefangene als Opfer darbringt. Vor dem Pylon stehen rechts und links des Eingangs zwei Falkenstatuen aus schwarzem Granit. Diesen fehlen heute ihre Kronen, die eine ähnliche Statue im Innenhof des Tempels noch trägt.

Nach Durchschreiten des Portals erreicht man den Vorhof des Tempels, eingefasst von 32 Säulen, die an drei Seiten Kolonnaden bilden. Die Innenseiten der Pylonentürme sind ebenfalls mit Reliefs geschmückt. Der Vorhof ist 49 m lang und 42,6 m breit.

An der Nordseite des Hofs befindet sich in der Mitte zwischen sechs Säulen der Eingang zum Pronaos, der Vorhalle, der Zugang zum eigentlichen Tempelgebäude. Auf der linken Seite vor dem Eintritt in das Gebäude steht die schon erwähnte, mit der Doppelkrone Ober- und Unterägyptens versehene Statue eines Falken, gefertigt aus schwarzem Granit. Rechtsseitig liegen auf dem Boden die Reste einer zweiten gleichartigen Statue.

Die als Pronaos oder erste Säulenhalle bezeichnete Vorhalle ist 25 m breit und in Richtung des Heiligtums fast 14 m lang. Sie besteht aus 18 Säulen in drei Reihen parallel zur Eingangsfront, davon zwei Reihen freistehend im Innenraum des Pronaos. Links und rechts des Eingangs liegen innerhalb der Vorhalle zwei kleine separate Räume; einer diente den Tempelpriestern zur Reinigung vor dem Ritus und der Aufbewahrung von Gegenständen für die heilige Handlung, der andere war die liturgische Bibliothek, deren ehemalige Bestandslisten an Papyrusrollen in die Wände graviert sind.

Hinter der Vorhalle befindet sich eine weitere Halle, die zweite Säulenhalle mit drei Reihen zu je vier Säulen. Auf einer Wand ist die Krönung von Ptolemaios IV. durch den Gott Herischef dargestellt; dieser symbolisiert in diesem Moment die beiden Götter Re und Osiris. Zwischen den Säulen gelangt man weiter ins Innere zum Heiligtum.

Von der zweiten Säulenhalle gehen drei Räume ab. Rechtsseitig liegt der *Raum der flüssigen Opfergaben* mit einer Tür zum Wandelgang um die Außenmauer des Tempelgebäudes. Links, an der Westseite, gibt es zwei Zugänge, einen zum *Raum der festen Opfergaben*, ebenfalls mit einer Tür zum Wandelgang, den anderen in einen Arbeitsraum, in dem die Opfergaben für die Zeremonien vorbereitet wurden. An den Wänden dieses Raumes sind die Zutaten verzeichnet, die für den Ritus verwendet wurden. Nach den vorbereitenden Handlungen brachte man die zu opfernden Gegenstände in den *Raum der Opfergaben* hinter der zweiten Säulenhalle in Richtung Heiligtum. Von ihm gehen zwei Treppen auf die darüber gelegene Terrasse ab.

Der sich anschließende mittlere Saal bildete das religiöse Zentrum des Tempels. In seiner Mitte befindet sich ein eigenständiges kleines Bauwerk, das das Allerheiligste beherbergte. Um diesen separaten Bau herum gruppieren sich entlang der Außenwand des Tempels jeweils einzelnen Gottheiten des Horuskults geweihte Kapellen, deren Zugänge am *Korridor der Mysterien*, umlaufend um den Bau des Allerheiligsten, liegen. Sowohl die Kapellen als auch der Korridor sind reich mit religiös gestalteten Basreliefs verziert. Im Raum des Allerheiligsten wurde das Bild des Hauptgottes aufbewahrt. Es stand in dem grauen, vier Meter hohen Granitblock, dem *Naos*, einem Schrein aus der Regierungszeit von Nektanebos II. (360 v. Chr.) und noch immer an seinem ursprünglichen Standort. Vor dem Block ist heute eine heilige Barke (auch Sonnenschiff) ausgestellt, die vormals in einem der zehn Räume am *Korridor der Mysterien* aufbewahrt wurde.

Baugeschichte des Tempels

Der Tempel wurde im Zeitraum von 237 bis 57 v.Chr. erbaut. Seine Gründung erfolgte im zehnten Regierungsjahr des Pharao Ptolemaios III. Euergetes I.; nach heutiger Zeitrechnung fand diese Grundsteinlegung am 23. August des Jahres 237 v.Chr. statt.

In einer Inschrift des Tempelbaus heißt es: *Dieser schöne Tag ... zur Zeit der Majestät des Re* (Ptolemaios III.

Euergetes I.) *war der Tag des Senut-Festes, als man die Ausmaße* (des Baues) *auf dem Erdboden festlegte* .... *Der König selbst und die Göttin Seschat, die Große legten den Grundriss des Ersten-Heiligtums* (Edfu) *fest; die richtige Lage seiner Räume wurde bestimmt von den Göttern ... Dekoriert wurden die Wände in seinem Inneren aufs vortrefflichste mit Reliefs, mit den Figuren der Götter und den Bildern der Göttinnen sowie mit all der Pracht des Herrlichkeit-Schaffenden.*

Eine weitere Inschrift, angebracht auf dem Naos, schreibt Imhotep, Sohn des Ptah, die Anregung zu dem Projekt zu. Da Imhotep Wesir des Pharao Djoser war, des zweiten Königs der 3. Dynastie des Alten Reiches, der von 2720 bis 2700 v. Chr. Ägypten regierte, scheint hier eine symbolhafte Inanspruchnahme vorzuliegen. Imhotep ist als Hohepriester des Ptah und erster großer Baumeister des Alten Reiches in die Geschichte eingegangen, verantwortlich für die Errichtung der Djoser-Pyramide. Als solcher wurde er durch spätere Architekten als ein mythischer Vorgänger verehrt, der im Neuen Reich sogar in Memphis und Theben als göttlich verehrter Sohn des Gottes Ptah galt. Die Zuschreibung des Tempels von Edfu sollte vermutlich die Gewähr für ein perfektes Bauwerk geben.

Ptolemaios IV. erbaute 212 v.Chr. das Allerheiligste im Tempel. In seinem 16. Regierungsjahr (206 v.Chr.) wurde nach Fertigstellung der Doppeltüren, kurz bevor sie in die Tore eingehängt wurden, die Bauätigkeit durch die Herrschaft zweier Gegenkönige und die damit verbundenen Unruhen unterbrochen. 176 v.Chr. nahm Ptolemaios VI. den Bau wieder auf, 147 v.Chr. wurde der eigentliche Tempel unter Ptolemaios VII. fertiggestellt. Die Weihung erfolgte 142 v.Chr. durch Ptolemaios VIII. Danach wurden weitere

Arbeiten ausgeführt: die Vorverlegung des Pronaos (140-124 v.Chr.) und Errichtung des Säulenhofs mit dem davor aufragenden Pylon (116 - 71 v.Chr.) in den Regierungszeiten von Ptolemaios IX. und Ptolemaios X.. Im 25. Regierungsjahr von Ptolemaios XII. wurden die Arbeiten am 5. Dezember 57 v. Chr. nach insgesamt 180 Jahren Bauzeit mit der Fertigstellung der Reliefs auf dem Pylon beendet.

Tempelfeste

Der Tempel war in ptolemäischer Zeit ein Ort wichtiger Feste zu Ehren der Götter des Horuskults. Neben dem Neujahrsfest feierte man hier jedes Jahr die Hochzeit des Horus von Edfu *(Hor-Behdeti)* mit der Hathor von Dendara *(Hut-Hor-Iunet)* sowie das Fest des Sieges von Horus über Seth aus dem Osiris- und Horusmythos. Im Tempel wurden auch Falken in einem Vogelhaus, dem *Falkentempel*, aufgezogen, von denen man jährlich einen im Tempelhof krönte und zum lebendigen Symbol des Horus machte.

Inschriften - Das Edfu-Projekt Hamburg

Das Herrschergeschlecht der Ptolemäer kam 332 v.Chr. mit Alexander dem Großen nach Ägypten. Die Ptolemäer blieben an der Macht, bis die Römer das Land 30 v.Chr. eroberten. In dieser Zeit bauten sie eindrucksvolle Heiligtümer, darunter eben den Horus-Tempel in Edfu. Die Inschriften des Tempels sind für die Philologie von großer Bedeutung, da sie zu den größten zusammenhängenden Sammlungen von hieroglyphischen Texten der griechischrömischen (ptolemäischen) Zeit gehören. Seit 1986 übersetzt das Hamburger Edfu-Projekt diese Inschriften.

Wie lebten die Ptolemäer in Ägypten? Welche Religion pflegten sie, was für eine Politik betrieben sie, wie funktionierte ihre für die damalige Zeit hochentwickelte Verwaltung? Um diese Kernfragen geht es den WissenschaftlerInnen, die sich mit den Inschriften des Tempels von Edfu beschäftigen, sie übersetzen, kommentieren und die umfangreichen Datenbestände digitalisieren.

Das Projekt gehört seit 2002 zu den Forschungsvorhaben der Akademie der Wissenschaften zu Göttingen, zuvor wurde es von der Deutschen Forschungsgemeinschaft finanziert und betreut.

Der Tempel ist zu großen Teilen mit Ritualszenen dekoriert, in denen König und Gottheiten einander gegenübertreten. Diese passen sich inhaltlich wie formal verschiedenen Inhalten an, wobei Gabe oder Handlung des Königs mit einem bestimmten Anliegen einhergehen.

Eine Szene beispielsweise trägt den Titel: *Das Sistrum erglänzen lassen.* Als Kultgerät verwendete der Priester ein Sistrum (Handrassel). Der König spricht: *Dein Sistrum für dich, du Mächtige mit der großen Flamme, Leuchtende, das* (Sistrum, welches) *dir deine Wut vertreibt.*

Das vom König genannte Handlungsziel, die Besänftigung der zornigen Göttin (Hathor), wird in der königlichen Randzeile näher ausgeführt: *...öPtol. IX.Ä ..., er ergreift das Naos-Sistrum, packt das Bügel-Sistrum und vertreibt den Ärger vom Auge-des-Re* (Hathor). *Er ist wie der Musikant der Goldenen, ..., der für seine Mutter nach ihrem Belieben musiziert.*

Die göttliche Randzeile schildert dann den Erfolg des Rituals: *Behedetit* (die von Edfu) *ist erschienen in Behedet* (Edfu) *..., sie bezwingt den* (eigenen) *Zorn, wird wieder heiter und besänftigt die Wut, die von Ihrer Majestät ausgeht. Sie ist die Herrin-der-Freude, sobald sie das Sistrum erblickt hat, die Prächtige, die das Musizieren liebt.*

Das Mammisi

Etwa 60 m südwestlich des Hauptportals steht vor dem Pylon des Tempels ein kleines, mit Säulen flankiertes eingeschossiges Gebäude. Es war ein Heiligtum der Göttin Hathor von Dendara. Während der Zeit des Ptolemaios IX. errichtet, gehörte es zunächst wohl zum Haupttempel, wurde dann aber in ein einzeln stehendes Naïskos (gr.: Tempelchen) umgewandelt.

Das in ptolemäischer Zeit als *Haus der Amme* bezeichnete Gebäude war ein sogenanntes Geburtshaus, ein Ort der Geburt, ein *Mammisi*. Hier wurde neben Hathor der Kindgott Hor-Semataui-pa-chered (*Harsomtus, das Kind*) als Erbe des Hauptgottes von Edfu verehrt. Hier erneuerte sich jährlich das Wunder der Geburt des Hor-pa-chered, weshalb dies auch ein heiliger Ort für schwangere Frauen war.

Das Innere des Mammisi bestand aus zwei kleinen Räumen und dem Heiligtum. Nach Osten schloss sich ein Vorhof an. Auf beiden Seiten des Gebäudes standen und stehen zum Großteil noch heute je fünf Säulen, die eine kleine Kolonnade bilden. In gleicher Art ist die Rückwand des Mammisi mit drei Säulen errichtet.

Auf den Wänden ist die Geburtslegende abgebildet. Die zugehörigen Szenen haben ihre mythologischen Wurzeln im Neuen Reich, wo die göttliche Geburt des Königs fester Bestandteil der Bildprogramme in den Tempeln war. Die ptolemäischen Könige veränderten jenen Geburtsmythos. In allen Mammisis der griechisch-römischen Zeit ersetzte die jeweilige neue lokale Form eines Kindgottes das vorher bestehende zentrale Königsmotiv des Neuen Reiches.

Anhang 2:

Riffreport vom Juni 2012

Algen, wirbellose Tiere und Fische im Riff: Lebensraum, Ernährung, Verhalten, Symbiosen, Tausend Tricks der Tarnung, Mimikry, Warnsignale und mehr

Spritzwasserzone, Gezeitenzone (fällt bei Ebbe trocken)

Große Käferschnecke *Acanthopleura vaillantti* (bis 8 cm: 8 kalkhaltige Rückenplatten, Gürtel mit vielen Borsten; raspelt Algen ab)

Felsenschnecken: Graue F. *Planaxis griseus,* raspelt Algen

Rotmeer-Landeinsiedlerkrebs *Coenobita scaevola*

Felsenkrabben, *Grapsus albolineatus, G. tenuicristatus*

Felsen-Napfschnecken *Patella sp.*

Angeschwemmt:

Schneckengehäuse: Rotmeer-Flügelschnecke *Conomurex fasciatus* = *Strombus f.* (mit Land-Einsiedlerkrebs) und Riesen-Flügelschnecke *Lambis truncata sebae* (bis 25 cm); beide Arten auf Sand und Korallengeröll oder in Seegras von Riffdächern oder flachen Lagunen.

Muschelschalen (u.a. Schuppige Riesenmuschel, *Tridacna squamosa*)

Tuberkel-Seegurke *Stichopus monotuberculatus* (ein totes Exemplar)

Riffdach mit erodierten Korallen-Felsen und Köpfen, dazwischen Mini-Lagunen: mäßiger Wellengang, nur geringe Uferlängsströmung, windgetriebene Wasserbewegung

Vögel als Nahrungsgäste:

Seidenreiher, Fischadler (mit flüggem Jungtier an der Möwenpickbay; erbeutet vor allem Arabische Doktorfische).

Algen:

Sargassum-Braunalgen *S. dentifolium, S. crassifolium* und *S. ilicifolium* (Familie Sargassaceae, Ordnung Fucales)

Braune Ohr-Trichteralge der Gattung *Padina* (Fam. Dictyotaceae, Ordn. Dictyotales)

Fächeralge *Stypopodium zonale* (Dictyotaceae, Dictyotales)

Fädige Keimlinge von Grünalgen (Gemeiner Meersalat, *Ulva lactuca*, Röhren-Meersalat, *Enteromorpha clathrata.*

Fische:

Arabischer Doktorfisch *Acanthurus sohal* (mit einem Paar ausstellbarer Skalpelle/Messer; weidet mit den scharfen Schneidezähnen Algen ab oder nimmt zusammen mit Sand winzige Algen auf, die im Mahlmagen verdaut werden; bis 40 cm). Männchen besetzt zusammen mit einigen Weibchen kleine Fressreviere, die aggressiv verteidigt werden, auch gegen Schnorchler und Taucher.

Gefleckter Schlangenaal *Myrichtthys maculosus* (jagt kleine Fische und Krebse nach Geruch) Dreibinden-Preußenfisch *Dascyllus aruanus* (Fam. Riffbarsche; frisst Zooplankton und kleine bodenbewohnende Wirbellose; bis 8 cm).

Gelegentlich *Chaetodon*-Arten, Falterfische.

Wirbellose Tiere:

Essbare Seegurke *Holothuria edulis*; eine Zubereitungsform ist *Trepang*, die vor allem in China und auf den Philippinen bekannt ist. Die Tiere werden dafür von ihren Eingeweiden sowie von der Außenhaut befreit und getrocknet, um später mit Gemüse in Form von Suppen oder anderen Gerichten gekocht zu werden. Unsachgemäße Behandlung und Zubereitung kann jedoch zu Vergiftungserscheinungen führen, da diese Tiere Saponine (Holothurine) enthalten.

Mathaeus' Seeigel *Echinometra matthaei* (über Tag in selbstgeschabten Löchern in Korallenfelsen, Algenfresser), Nadel-Seeigel *Diadema setosum* (tags häufig inGruppen), Pfaffenhut-Seeigel *Tripneustes gratilla* (tarnt sich oft mit Abfallstoffen),

Schlangenstern *Ophiocoma scolopendrina* (ernährt sich von größerem Plankton, bei Niedrigwasser auch von Abfallstoffen und Fadenalgen).

Übergang zur Riffkante

Wo sich die das Riffdach zur Riffkante hin leicht senkt, sieht man schon <u>Griffel-Korallen</u> *Stylopora pistillata* und <u>Gemeine Riesenmuschel</u> *Tridacna maxima*, die aber auch noch tiefer bis in die Riffhänge hinein vorkommen.

Riffkante und oberer Riffhang

Grate, kleine Canyons, Höhlen, Kanäle, Krater, Überhänge, kleine submarine Terrassen (Grat-Rinnensystem), mehr oder weniger starke Uferlängsströmung, mäßiger bis heftiger Wellengang. Die Organismen sind der Brandung und dem Brandungsrücklauf und damit oft starker Strömung ausgesetzt; vorgelagerte Riffpfeiler, Reste des alten Saumriffs, reichen teilweise fast bis zur Oberfläche.

Korallen

Alle Tiere des Riffs, die wir als Korallen bezeichnen, sind Nesseltiere – so wie die Seeanemonen und die Quallen des freien Wassers. Eine Berührung ihrer Tentakel löst explosionsartig Nesselpfeile aus den Nesselkapseln, die mit einer Geschwindigkeit von 400 km pro Sekunde die Haut ihrer Opfer durchschlagen und ein Gift injizieren. Aber nur das Gift von Feuerkorallen, Nesselfarnen und einigen Quallen können schmerzhafte Hautreaktionen hervorrufen.

Die Korallen-Kolonien (Stöcke) bauen kalkige Fundamente, aus denen alle Korallenriffe tropischer Meere bestehen.

Große Korallenstöcke bilden die <u>Feuerkorallen</u> - Netz-F. *Millepora dichotoma*, Platten-F. *Millepora platyphylla*, <u>Steinkorallen</u> - Himbeer-K. *Pocillopora damicornis*, Pfötchen-K. *Pocillopora verrucosa*, <u>Griffel-Korallen</u> *Stylopora pistillata*, <u>Geweihkorallen</u> - Niedrige G. *Acropora humilis*, <u>Porenkorallen</u> *Porites nodifera*, <u>Pilzkorallen</u> *Fungia scruposa* und *Podobacia crustacea*, <u>Blattkoralle</u> *Echinophylla aspera*, <u>Sternkorallen</u> *Favia stelligera, Favia lacuna, Goniastrea edwardsii*, <u>Hirnkorallen</u> *Platygera daedalea*, <u>Becherkorallen</u> Gelbe Salatkoralle *Turbinaria reniformis*.

Andere Wirbellose Tiere im Riff

Schwämme, Nesseltiere, verschiedene Würmer, Moostierchen, Weichtiere (Muscheln, Schnecken, Kopffüßer), Krebse, Stachelhäuter, Manteltiere. Nur wenige habe ich entdeckt: weil sie scheu, getarnt, versteckt, nicht tagaktiv sind.

<u>Nesselfarne</u>, auf toten Korallen; sie fangen Mikroplankton und nesseln stark.

<u>Meeresanemone</u> *Entacmaea quadricolor*, Wirtsanemone für Anemonenfische.

<u>Weihnachtsbaum-Röhrenwurm</u> *Spirobranchus giganteus*, Färbung sehr variabel: gelb, blau, rot.

<u>Griffel-Seeigel</u> *Heterocentrotus mammilatus* ist nachtaktiv und verbringt den Tag in Spalten und Löchern, mit Hilfe seiner Stacheln verkeilt, zwischen Korallenblöcken. Nachts verlässt er sein Versteck, um Mikroalgen, Kalkrotalgen und Foraminiferen abzuweiden. Griffelseeigel bewegen sich mit ihren Saugfüßchen auf der Körperunterseite und können gut klettern. Zur Fortpflanzung bilden sie große Ansammlungen und geben ihre Gameten in das Wasser ab. Die Primärstacheln wurden früher zum Schreiben auf Schiefertafeln benutzt.

<u>Eigelege</u> von Meeresschnecken.

Im freien Wasser: <u>Ohrenqualle</u> *Aurelia aurita*.

Algen

<u>Korallen-Kalkrotalge</u> *Mesophyllum mesomorphum,*

Perforierte Braunalge (oder Grüne Fensteralge) *Hydroclathrus clathratus* (Scytosiphonaceae, Ectocarpales),
Dreiecks-Braunalge *Turbinaria decurrens* (Sargassaceae, Fucales).

Fische
Bodenfische
Auf Sand, Geröll und Sediment der flächigen Abhänge kleinerer submariner Terrassen und in Buchten:
Rotmeer-Barbe *Parupeneus forsskali,* frisst Wirbellose; ist häufig begleitet von anderen Fischen.

Blaupunkt-Stechrochen *Taeniura lymma*, an der Schwanzbasis giftiger Haken, gefährlich bei Berührung; ist tags wenig aktiv, wühlt Mollusken, Würmer und Garnelen aus dem Sand.

Einige der auf sandigem oder gerölligem Meeresboden lebende Fische sind Lauer- und Schleichräuber, durch Färbung und abgeflachte Körperform perfekt an den Untergrund angepasst und überdies in der Lage, sich einzugraben. Das schützt sie auch vor Fressfeinden.

Skorpionsfisch *Scorpaenopsis oxycephala*,

Sand-Eidechsenfisch *Synodus dermatogenys*, kann sich bis auf Augen und Nasenlöcher in den Sand eingraben, im flachen Wasser ab 1 m Tiefe, ein Lauer- und Schleichräuber, frisst kleine Fisch und Krebstiere,

Netz-Seenadel *Corythoichthys flavofasciatus*, im flachen Wasser ab 1 m Tiefe, Lauerräuber, frisst kleine Fisch und Krebstiere.

Gemeiner Krokodilfisch *Papilloculiceps longiceps*, Lauerräuber, frisst kleine Fische, Krabben und Garnelen, kleine Kopffüßer und Borstenwürmer. Nähert sich ein unvorsichtiger Fisch, wird er durch Aufreißen des großen Mauls eingesogen. Fische, die in größerem Abstand, bis zu 1 m, über dem Krokodilsfisch schwimmen, werden geschnappt, indem die Krokodilsfische plötzlich senkrecht emporschnellen. Neben Fischen werden auch Krebstiere, verzehrt. Werden sie bedroht, vertrauen sie auf ihre Tarnung, und stellen zur Abwehr die erste mit Stachelstrahlen bewehrte Rückenflosse auf.

Moses-Seezunge *Pardachirus marmoratus*; sie scheidet ein milchiges, starkes Hautgift zur Abschreckung aus Poren an der Basis von Brust- und Afterflossen ab.

Durch seine Körperform getarnt ist der Flötenfisch *Fistularia commersonii*. Bei 1 m Länge kaum Daumendick, fällt er von vorn kaum auf, wenn er sich langsam an kleine Fische zwischen Korallen heran schiebt.

Drückerfische

Namensgebung: in einer Furche auf dem Rücken liegen die drei Stachelstrahlen der ersten Rückenflosse; wird der erste Stachelstrahl aufgerichtet, rastet auch der zweite ein und wird festgeklemmt; erst beim Herunterdrücken des dritten Stachels löst sich der Mechanismus wieder.

Doktorfische

Brustflossenschwimmer. Tags ununterbrochen auf der Suche nach Abfallstoffen, tierischem Plankton und winzigen Algen. Mit einem Paar ausstellbarer Skalpelle (Namensgeber) oder ein bis zwei Paar gekielter Knochenklingen.

Kugelfische

In ruhigen, geschützten Innenriffen oder auf Sand, meist in Bodennähe. Haut ohne Schuppen. Langsame, geschickte Schwimmer. Mächtiges Schnabelgebiss durch zwei verwachsene Zahnplatten, mit dem sie hartschalige Tiere zerlegen. Sie können sich ballonartig aufblasen, indem sie Wasser (oder Luft) in eine besondere Seitenkammer des

Magens saugen. Die Kiemenöffnungen eines aufgeblasenen Weißflecken-Kugelfischs sind Augenattrappen; der Fisch formt ein zweites Gesicht, von vorn wird ein größerer Kopf vorgetäuscht: Abschreckung von Fressfeinden!

Lippfische

Sie stellen eine vielfältige Fisch-Familie dar; schon in ihrer Größe variieren sie stark, von wenigen Zentimetern bis über 2 Meter (Napoleon). Vielfach sind sie dicklippig oder haben ein bis zwei Paar vorstehende Zähne. Üblich ist eine Geschlechtsumwandlung von weibchlich zu männchlich.

Riffbarsche

Auffällige und häufige Riffbewohner, die teils territoriale Pflanzenfresser, Allesfresser oder häufig im Freiwasser umherstreifende Planktonfresser sind. Sergeant-, *Abudefduf-*Fische, *Chromis*-Arten, Preußenfische (*Dascyllus*),.

Sergeant-Fische Scherenschwanz-Sergeant *Abudefduf sexfasciatus* mit schwarzen Randstreifen im Schwanz.

Indopazifik-Sergeant *Abudefduf vaigiensis*.

Pemba-Chromis *Chromis pembae*: braun mit leuchtend weißem Schwanz, der auch noch das geringe Licht in der Tiefe reflektiert; von oben sieht man nur weiße Punkte, die sich auf und ab bewegen.

Ähnlich wirken die weißen Punkte auf dunklem Grund bei Juvenilen und adulten **Dreifleck-Preußenfischen.**

Falterfische und Kaiserfische

Sie tragen **Plakatfarben,** die **Warnfarben** zur innerartlichen Verständigung sind; Körperfärbung und Zeichnung dienen der Behauptung des eigenen Territoriums gegen Eindringling und Nachbarn.

Mit ihrem diskusartigen Körper manövrieren die Falter-(Schmetterlings-)Fische geschickt zwischen Korallenästen und picken mit ihrem Borstenzahngebiss Korallenpolypen,

Fischeier und Fadenalgen auf. Fast immer zu zweit unterwegs, leben sie meist jahrelang in Einehe. Viele Jungfische und auch Erwachsene weisen Scheinaugen auf (Augenattrappen), die Raubfische irritieren sollen, und Augenbinden machen die besonders gefährdeten Augen nahezu unsichtbar.

Pfauen-Kaiserfisch *Pygoplites diacanthus*, ein unverträglicher Einzelgänger.

Schwarmfische sind mit **Folgesignalen** ausgestattet:
Füsiliere ernähren sich von tierischem Plankton und zeigen viele Anpassungen an ein Leben im freien Wasser. Das schnelle, synchrone Schwimmen in dichten Schulen hilft ihnen, das Seitenliniensystem von Raubfischen (z.B. von Makrelen) zu irritieren. Nachts verstecken sie sich im Riff. Sie sind protogyne Folgezwitter.

Rotmeer-Füsilier *Caesio suevica,* Himmelblauer Füsilier *Caesio lunaris* mit blauschwarzen Schwanzspitzen, Goldstreifen-Füsilier *Pterocaesio chrysozona.*

Zackenbarsche, Fahnenbarsche, Seifenbarsche. Eine große, formenreiche Gruppe. Pfauen- und Juwelen-Zackenbarsche *Cephalopholis argus* und *C. miniata.* Kräftige Bodenfische; Größe bis 50 cm. Nahrung sind Fische, Krebse, Tintenfische. Sie beginnen ihr Leben als Weibchen und werden später zu Männchen (proterogyne Folgezwitter).

Fahnenbarsche, Marcias F., *Pseudanthias marcia,* und Juwelen-F., *P. squampinnis,* sind relativ kleine Bewohner von Riffrändern und steilen Außenriffhängen mit farblichen Geschlechtsunterschieden. Tagaktive Planktonfresser, die sich über auffälligen Korallenköpfen oder Vorsprüngen sammeln (im Extrem bis 2000 Tiere). Die Schwärme bestehen aus einem oder mehreren Männchen, einer größeren Anzahl Weibchen und vielen Jungtieren.

Sechsstreifen-Seifenbarsch, *Grammistes sexlineatus*, ist selten zu sehen, da heimlich, aber angeblich häufig. Im Alter lösen sich die weißen Streifen auf, und die Tiere wandern in größere Tiefen ab. Produziert einen giftigen, bitteren Hautschleim, der Grammistine enthält, der die Tiere angeblich vor Verfolgern schützt und im Aquarium sogar andere Fische tötet. Grammistine wurden bisher nur in Seifenbarschen gefunden. Es handelt sich um kurze Oligopeptide mit 13 bis 28 Aminosäuren, die wahrscheinlich zu einem Homooligomer aggregieren. Sie wirken antibakteriell.

Andere Fische

Gestreifter Korallenwächter, *Paracirrhites forsteri*. Meist einzeln. Als Lauerräuber liegt er bewegungslos auf exponierten Korallen oder Felsen und beobachtet die Umgebung oft stundenlang.

Marmormuräne *Gymnothorax undulatus*. Großes Maul mit vielen Zähnen. Sie sind normalerweis friedlich, aber wenn sie provoziert werden, können sie gefährlich zubeißen. Jagt nachts Fische, Oktopusse und Krebse. Einmalige Beobachtung bei Tag am Möwenpick-Riff in 2-3 m Tiefe.

Papageifische

Ähneln den Lippfischen; großes, kräftiges, Schnabelartiges Gebiss mit Zahn und Schlundplatten; alle sind Pflanzenfresser; die meisten Arten wechseln mit dem Alter und Geschlecht (von Weibchen zu Männchen) ihre Farbe.

Kugelkopf-Papageifisch *Chlorurus sordidus*.

Tarnung der Augen

Dunkle Augenbinden machen die besonders gefährdeten Augen nahezu unsichtbar: Dreibinden-Preußenfisch *Dascyllus aruanus* (Fam. Riffbarsche); frisst Zooplankton und kleine bodenbewohnende Wirbellose; Fünfbinden-Demoiselle sowie einige Falterfisch-(*Chaetodon-*)Arten.

Warnsignale

Rotfeuerfische der Gattung *Pterois* (hier *Pterois volitans*) weisen auf die Giftigkeit hin. Man kann sie leicht anhand ihrer besonderen Farbgebung und der fächerförmigen Brustflossen und Strahlen an Flossen und Rücken erkennen. Einige dieser Strahlen sind Hartstacheln, an deren Basis Drüsen sitzen, die Gift produzieren.

Indischer Gelbklingen-Nasendoktor, *Naso elegans*. Die leuchtend orange-gelben Flecken, die die seitlich abstehenden Knochenmesser umgeben, mögen ebenfalls eine Warnfunktion haben; ein Fisch, der dieser Verteidigungswaffe zu nahe gekommen ist, soll sich auch später daran erinnern.

Symbiosen:

Anemonenfische

Rotmeer-Anemonenfische, *Amphiprion bicinctus* (Clownfische) leben in der Nähe von bzw. in Seeanemonen. Sie entfernen sich höchstens vier Meter von ihrer Anemone, da sie sich bei Gefahr zwischen den Tentakeln der Anemonen verstecken. Anemonen besitzen giftige Nesselzellen. Clownfische können sich vor diesen Zellen durch eine Schleimschicht schützen, so dass sie von der Anemone nicht als Beute wahrgenommen werden. Es ist ein Schleim, der von den Anemonen ausgeschieden wird und primär bewirkt, dass die Anemonen sich nicht selbst nesseln; er wird von den Fischen abgestreift. Durch ihr oft aggressives Verhalten auch gegen wesentlich größere Fische (und Taucher) beschützen die Fische aber auch ihre Anemone vor solchen Fischen (es sind nur wenige), die trotz der Nesselzellen die Tentakel der Anemone anknabbern und abfressen.

Seit dem beliebten Film „Findet Nemo" ist der Clownfisch auch unter dem Namen Nemo bekannt.

Auch die Jugendform des Dreifleck-Preußenfischs, *Dascyllus trimaculatus*, häufig in kleinen Gruppen, ist mit den Wirtsanemonen von *Amphiprion* assoziiert.

Putzersymbiose

Der **Putzer-Lippfisch** *Labroides dimidiatus* lebt in allen Riffhabitaten. An seinen Putzerstationen an auffälligen Korallenformationen wirbt er mit Auf- und Ab-Wipptänzen, um Fische aller Größen anzulocken. Beim Putzen frisst er ausschließlich Parasiten, Schleim und Hautreste. Er lebt zumeist paarweise oder zu mehreren. Er wird vom aggressiven Säbelzähner nachgeahmt (siehe Mimikry).

Putzerfisch: „Grüß Gott, haben Sie einen Termin?"

Fische für die Füße statt Feilen ist ein neuer Pediküren-Trend: An der Flaniermeile von Playa del Ingles, Gran Canaria, stehen große Aquarien, in die Putzerfische eingesetzt sind. Touristen können ihre Füße hineinhängen, die Putzerfische knabbern mit ihren kleinen Mäulern die Hautschuppen ab: unter der Fußsohle, am Spann, an den Zehen. Es kitzelt leicht, vor allem wenn die Fischchen versuchen, zwischen die Zehen zu gelangen. Das Gefühl ist merkwürdig, aber nicht unangenehm.

Fisch-Spas und Fisch-Pediküre-Salons gibt es mittlerweile auch in Deutschland in den Städten, in kleineren ebenso wie in Hammburg und Berlin. Die hier eingesetzten Fische sind jedoch bis zu 14 cm große Saugbarben, *Garra rufa*, Süßwasserfische, die ursprünglich aus der türkischen Kanngal-Region stammen.

Mimikry

Die Mimikry ist eine Schutzanpassung, mit der Tiere sich vor dem Tod durch Feinde bewahren können. Wenn einige Tiere mit ihren auffälligen Warnfarben signalisieren: *Halt -*

ich bin gefährlich oder ungenießbar, so profitieren andere davon, indem sie die Färbung nachmachen. Durch die Färbung senden auch sie das Warnsignal *Achtung, gefährlich bzw. ungenießbar* an potenzielle Feinde aus und werden so weniger oder gar nicht gefressen (Bates'sche Mimikry).

Ein Beispiel: Echter und falscher Putzerfisch. Das einzige Unterscheidungsmerkmal: der Falsche Putzerfisch hat ein unterständiges Maul (d.h. die Unterlippe liegt weiter hinten als Oberlippe), der Gewöhnliche Putzerfisch, also das Original (*Labroides dimidiatus*), hat ein endständiges Maul (Ober- und Unterlippe gleich). Desweiteren kann man beide nur am Verhalten unterscheiden, das Original ist ein *Dienstleister* und putzt seine Kunden, der Falsche Putzerfisch tut nur so (er ahmt sogar den Wipptanz nach), beißt aber dann *seinen* Kunden Hautstücke aus.

Der Mimikry-Kammzähner *Ecsenius gravieri* ahmt den giftigen Schwarzstreifen-Säbelzähner *Meiacanthus nigrolineatus* und den Townsend-Säbelzähner *Plagiotremus townsendi* nach und wird deshalb von Raubfischen verschmäht.

Der Schwarzsattel-Feilenfisch *Paraluteres prionusrus* ahmt den giftigen Sattel-Spitzkopfkugelfisch *Canthigaster valentini* nach, doch sind zweite Rückenflosse und Afterflosse beim ersteren breiter als beim zweiten.

Der Mimikry-Feilenfisch *Paraluteres arqat* ahmt den giftigen Rotmeer-Spitzkopfkugelfisch nach. Australische Wissenschaftler fanden heraus, dass er sich auch sonst einiges einfallen lässt, um von seinen Fraßfeinden, verschiedenen Krabbenarten, nicht bemerkt zu werden. Er versteckt sich vor ihrem Geruchsinn. Frisst er Teile der Koralle, auf der er lebt, dünstet er gewissermaßen deren Geruch danach wieder aus. Er riecht nach Koralle und kann von den Krabben nicht so leicht entdeckt werden.

Der Gefleckte Schlangenaal *Myrichtthys maculosus*, der vom Roten Meer bis französisch Polynesien vorkommt, ahmt in Form und Färbung eine giftige Seeschlange nach, ein Reptil also, die Streifenruderschlange *Hydrophis cyanocinctus* (diese kommt nicht im Roten Meer vor, jedoch im Persischen Golf und Indopazifik).

Für eine andere Art von Mimikry stehen die beiden folgenden Beispiele. Der juvenile Rotmaul-Zackenbarsch *Aetaloperca rogaa* (adult bis 60 cm), ein Raubfisch, er frisst Krebse und kleine Fische, ahmt den harmlosen Braunen Zwergkaiser *Centropyge mulltispinis* (14 cm) nach, der Algen frisst, und kommt dadurch näher an Beute heran.

Im Lauf seiner Entwicklung zu einem bis 80 cm großen und 12 kg schweren Jäger wechselt der Mondsichel-Juwelenbarsch Färbung und Zeichnung stark. Der weiße Farbton am Bauch verschwindet völlig. Nur die blauen bis lilafarbenen Punkte bleiben beim Erwachsenen erhalten. Der Jungfisch (bis etwa 50 cm) ahmt die Rotmeer-Barbe nach, um leichter an Nahrung zu kommen.

Referenzen

Lieske, Ewald, Myers, F. Robert. Korallenriff-Führer Rotes Meer. Kosmos-Verlag, Stuttgart 2004.

Fricke, Hans W. Bericht aus dem Riff – Ein Verhaltensforscher experimentiert im Meer. Piper Verlag, München 1976; dtv, München 1980.

Sultanat Oman
19.1. bis 1.2.2015

Geschichte bis 1970

Mit der Ausbreitung des Islam ab dem Jahr 630 n.Chr. ging die Vertreibung der persischen Besatzer einher, die tausend Jahre lang die Küsten des Nordomans beherrscht hatten. Eine Epoche relativer Eigenständigkeit begann, die bis ins 16. Jh. andauerte. In dieser Zeit entwickelten sich viele Küstenstädte durch den Seehandel mit China, Indien und Ostafrika zu bedeutenden Handelsplätzen, etwa Suhar im Norden und Qalhat im Süden.

Dann gelangten portugiesische Seefahrer an Omans Küsten. Kurz nach 1500 fielen Muscat, Suhar und Qalhat in ihre Hände und wurden teilweise zerstört. Die portugiesischen Besatzer erbauten Festungen in Muscat, Mutrah, Sur oder Nakhl (diese wurden jüngst wieder instand gesetzt). Die omanische Küste rückte in den Fokus der Europäer, die Omaner selbst zogen sich mit ihrem Sultan zunehmend in die Berge zurück, das politische, wirtschaftliche und soziale Gewicht des Sultanats verlagerte sich ins Hinterland. Die Küstenregion verlor für die nächsten hundert Jahre ihre Bedeutung. Stattdessen blühten im Inneroman Städte wie Nizwa, Bahla, Jabrin und Rustaq auf.

1650 gelang es, die Portugiesen aus Muscat und anderen Orten an der Küste zu vertreiben und die alten Handelshäfen unter einheimischer Regentschaft wieder zu beleben. Ab 1808 konnte sich Muscat als Regierungssitz behaupten, wurde zu einem wichtigen Seehafen ausgebaut und durch eine höhere Mauer und den Ausbau der alten portugiesischen Forts befestigt. Doch kam es unter Sultan Hamad bin Said zu einer Spaltung des Landes in ein Sultanat an der

Küste und ein Imamat. Mit dem Bürgerkrieg 1959 wurde das Imamat durch Sultan Said ibn Taimur faktisch beendet. Doch erst mit dem Regierungsantritt seines Sohnes Qaboos 1971 wurde Muscat zur uneingeschränkten Hauptstadt.

Entwicklung seit 1970 unter Sultan Qaboos

Seit 1970 der junge Sultan Qaboos (Qabus) seinen Vater einigermaßen friedlich und ohne großes Blutvergießen entmachtet und ins Londoner Exil gebracht hatte, begann eine vorsichtige, dennoch stetige Modernisierung des Landes. Die Hauptstadt wurde stark ausgebaut und sentwickelte sich zu dem heutigen Zentrum, das jetzt **Capital Area Muscat** genannt wird. In dieser ausgedehnten urbanen Zone sind kleinere und größere Ortschaften zusammengewachsen und bilden eine moderne und dynamische Großstadt, die sich in den letzten Jahrzehnten vor allem in den südlichen Bereich der Küstenebene Batinah ausgebreitet hat. Hier befinden sich moderne Krankenhäuser, viele weiterführende Schulen, universitäre Institutionen, große Einrichtungen des Handels und Verkehrs, ein Rundfunk- und Fernsehsender sowie die Börse (Muscat Security Market).

In der Capital Area konzentrieren sich Wirtschafts- und Finanzkraft wie auch die Bevölkerung. Hier leben inzwischen mehr als 1,2 Million Menschen, ein Drittel der omanischen Bevölkerung. Ungefähr die Hälfte der Einwohner sind allerdings Arbeitsmigranten, vor allem aus dem Iran, Pakistan, Indien und von den Philippinen. Ihre billige Arbeitskraft ermöglicht eine ausgeprägte Bautätigkeit. In kurzer Zeit entstanden auch für europäische Verhältnisse oft riesige Supermärkte (Hypermarkets), Shoppingmalls und Hotels nach westlichem Standard. Außerdem entwickelte sich das Gebiet durch am Reißbrett geplante Wohngebiete und neue Industrieanlagen schnell. Die entsprechenden Verkehrswege werden meist ausgreifend und trotz des chronischen Wassermangels begrünt angelegt.

Erhebliche Bedeutung kommt dem Hafen *Mina Sultan Qaboos* im Stadtteil Matrah für den Export des Erdöls zu. Die Erdölstätten liegen vorwiegend in den Wüsten im Innern des Oman. Das Öl wird seit 1967 aus dem gesamten Hinterland in Pipelines hierher befördert und verschifft. Das *schwarze Gold* ist die tragende Säule der omanischen Wirtschaft und macht mehr als 50 % der gesamten Staatseinnahmen aus. Obwohl der gewaltige Überschuss an Petrodollars relativ gleichmäßig im ganzen Land verteilt wird, ist ihr Einfluss in der Hauptstadtregion am deutlichsten sichtbar und spürbar.

Außerdem konzentrieren sich in der Hauptstadtregion die großen Industriebetriebe des Landes, die auf Aluminiumverarbeitung sowie Petrochemie- und Düngemittelherstellung spezialisiert sind. In der Nähe gibt es mehrere bedeutende landwirtschaftliche Betriebe und auch Kraftwerke sowie Meerwasserentsalzungsanlagen. Privater Konsum, der enorm gesteigert werden konnte und sich immer mehr in den modernen Shoppingmalls und Hypermarkets (Carrefour-Märkte und die Ableger des indischen Lulu-Konzerns) abspielt, verstärkt die Entwicklung.

Entscheidend für die Wirtschaft ist der Flughafen in Seeb (gesprochen: Sib), der ständig erweitert wird; er soll als eine Konkurrenz zu Dubai und Doha aufgebaut werden.

Offensichtlich rüstet der Oman sich durch die Förderung neuer Wirtschaftszweige für die Zeit nach dem Erdöl. Ohne deutliche Erhöhung der Fördermenge sollten die Ölvorräte noch bis zum Jahr 2020 reichen. Bis dahin hofft man, vom Öl unabhängig geworden zu sein und 80 % des Bruttoinlandproduktes u.a. über die Bereiche Infrastruktur, Finanzen, Investment und Tourismus zu erwirtschaften.

Auch in Zukunft wird ein Rohstoff großes Gewicht haben, nämlich das Erdgas mit ausgedehnten Vorkommen.

Darüber hinaus bemüht man sich, das kulturelle Erbe Omans zu erhalten. Die ehemaligen Stadtbefestigungen, die Burgen von Al Dschalali und A lMirani und der Souq von Mutrah gehören dazu. Alte Kaufmannshäuser wurden restauriert, und es wird viel Geld in die Entwicklung von Museen nach neuesten Gesichtspunkten investiert.

Regierungsform. Das Sultanat ist eine absolute Monarchie, besitzt aber eine Verfassung. Die vom Sultan ernannten Minister und die zwei nationalen Parlamente haben nur beratende Funktion.

Religion. 75 % der Bevölkerung mit omanischer Staatsbürgerschaft sind **Ibaditen**, eine religiöse Strömung des Islam, die weder der sunnitischen noch der schiitischen Richtung zugeordnet werden kann. Die Ibaditen folgen einer von Dschābir ibn Zaid gegründeten Rechtsschule. Ihr Name geht auf Abd Allāh ibn Ibād zurück, dessen Identität allerdings im Dunkeln liegt. Weltweit stellen die Ibaditen insgesamt nur eine kleine Minderheit unter den Muslimen dar. Die meisten Ibaditen leben im Oman, und Oman ist das einzige Land, in dem sie die Bevölkerungsmehrheit bilden.

Unruhen im Oman

Die Proteste in der arabischen Welt haben Ende Februar 2011 auch das Sultanat Oman erfasst. In der Hafenstadt Suhar, der Hauptstadt Muscat und im Süden des Landes kam es immer wieder zu Protesten und Auseinandersetzungen zwischen Demonstranten und der Polizei. Um die soziale Frustration zu dämpfen, wurden von Sultan Qaboos per Dekret 50.000 neue Jobs im Staatsdienst geschaffen, ein Arbeitslosengeld eingeführt, in öffentlichen Wohnungsbau investiert und ein Mindestlohn für Omanis in der Privatwirtschaft verführt – alles teure Sozialgeschenke, die zusätzlich auf dem Staatshaushalt lasten. Sie führten jedoch zu einem Abklingen der Unruhen

Omanisierung
Wir besuchten eine Hotelfachschule, sie ist zweifelsohne ein Projekt der Omanisierung im Tourismus. Omanisierung meint, dass auf inländischen Arbeitsplätzen Gastarbeiter zunehmend durch omanische Staatsbürger ersetzt werden. Ein Grund für diese Bemühungen ist die hohe Arbeitslosenquote der Omaner, die auch immer wieder Anlass zu Unruhen in der Bevölkerung gibt. Die Omanisierung soll nicht nur sicherstellen, dass für jeden Staatsbürger ein Arbeitsplatz vorhanden ist, sie soll auch die Abhängigkeit des Landes von Gastarbeitern verringern. Als ein Hindernis für die weitere Omanisierung in der privaten Wirtschaft wurden seitens der Regierung ausländische Top-Manager ausgemacht, die ihre eigenen Landsleute bei der Stellenbesetzung gegenüber omanischen Staatsbürgern bevorzugen. Daher zählt zu den Zielen der Omanisierung auch die Besetzung des Top-Managements mit Omanern.
Der Prozess der Omanisierung wurde 1988 mit der Festlegung von Quoten für die Beschäftigung von Omanern bgonnen. Die Pläne der Regierung wurden z. T. erfolgreich umgesetzt, und bereits 1990 wurde das festgelegte Minimum von Omanern im Staatsdienst übertroffen. 2008 arbeiteten fast ausschließlich Omaner (ca. 85,2 % aller Beschäftigten) im Staatsdienst. Auch im privaten Sektor steigt der Anteil von Omanern stetig.

Trotz dieser Entwicklung werden Stellen für ungelernte oder angelernte Arbeiter weiterhin mit Gastarbeitern besetzt bleiben, da Omaner diese Stellen im überwiegenden Fall nicht annehmen. Im Jahr 2008 waren 795.000 Gastarbeiter im privaten Sektor beschäftigt.

Naturräumliche Gliederung des Nordomans

Al Batina („niederes Land"), der 250 km lange, im Mittel 25 km breite Küstenstreifen am Golf von Oman zwischen Muscat und Suhar ist teilweise eine fruchtbare, vielfach bewässerte Ebene, deren Grundwasser von den nur sporadisch wasserführenden, schluchtartigen Wadis aus dem **Hajargebirge** gespeist wird.

Al-Batina wird bereits seit Jahrhunderten landwirtschaftlich genutzt. Neben Unmengen an Datteln werden Zitrusfrüchte, Bananen, Mangos und Tomaten in großem Stil angebaut. Das Klima ist ganzjährig trocken, weshalb die meiste Zeit des Jahres bewässert werden muss.

In Suhar gibt es drei ertragreiche Kupferminen, und der Hafen wird ausgebaut, um einen umfassenderen Schiffsverkehr zu ermöglichen. Auch der Tourismus spielt eine Rolle. Die Gegend lockt mit sauberen Stränden und ihrem Kulturangebot (Burgen, Schlösser, Forts, Altstädte, islamische Architektur) vermehrt Touristen an, besonders die Orte Rustaq, Al Hazm und Nachl (*Dattelpalme*). Im Winter ist es warm, im Sommer sehr heiß mit hoher Luftfeuchtigkeit; die Spitzenwerte liegen bei 48 °C. Das Meer lädt immer zum Baden ein.

Nach der anderen Seite des 600 km langen, parallel zum Golf verlaufenden **Hajar-Gebirges** enden die Wadis in der abflusslosen **Salzpfanne Umm as-Samin**. Das Gebirge grenzt die Küstenebene von der Wüste ab.

Das **Hajar-(Hadschar-)Gebirge** erstreckt sich ca. 450 km von der Grenze des Oman zu den Vereinigten Arabischen Emiraten bis zu seiner östlichsten Landzunge, dem Ras Al Hadd. Das Hajar-Gebirge rahmt die Küsten am Golf von Oman halbmondförmig ein und trennt die Küstenebene Batinah vom kargen Hinterland. Das **Wadi Samail** teilt den Hadschar in einen östlichen und einen westlichen Gebirgszug. Es ist die wichtigste Verbindung zwischen der Küste und dem Hinterland, da das schroffe Gebirge nur an wenigen Stellen passierbar ist. Daher laufen die Hauptverkehrsroute, heute ist das eine Autobahn, die Strom- und Telefonleitungen sowie Pipelines durch das Wadi Samail.

Die höchsten Erhebungen (bis etwa 3000 Meter) befinden sich im westlichen Teil des Gebirges, **Al Ach-dar** genannt. Der östliche Teil, **Hajar Ash Sharqiya**, verläuft mit abnehmender Höhe (von etwa 1500 bis 500 m) zur östlichen Küste. Die Flanken des Hajar-Gebirges sind ziemlich steil und schroff, an vielen Stellen gibt es kaum Vorgebirge. An manchen Orten führen Felstäler und Canyons tief ins Gebirge hinein, so z.B. Wadi Tiwi und Wadi Shaab von der nordöstlichen Küste her oder das Wadi Bani Khalid vom Süden. In diesen Wadis gibt es Flüsse, die zumindest im Winter zeitweise Wasser führen. Im Wadi Shaab und Wadi Bani Khalid ergießen sich diese Gebirgsbäche in malerische Süßwasserteiche. Andere Wadis, vor allem im Landesinneren, führen nur nach Regenfällen Wasser.

Einen großen Teil des Nordoman nimmt die **Innere Wüste (Dschiddat al-Harasis)** ein. Von der Hochebene Az Zahirah (500 m) fällt das Land nach Südwesten zum Rand der Wüste Rub al-Chali ab, die Oman mit Saudi-Arabien und dem Jemen teilt, bis zur Küste am Arabischen Meer reicht und die südliche Provinz Dhofar vom Norden trennt.

Klima

Passatwinde und Ausläufer des indischen Monsuns sind für das randtropische Klima Omans bestimmend. Im Binnenland ist es sehr heiß und trocken, in den Küstenebenen im Norden und in Dhofar feuchtheiß. Der Winter ist kurz und warm, der Rest des Jahres heiß.

Das Hadschar-Gebirge stellt in dieser Hinsicht eine Ausnahme dar: die höher gelegenen Zonen weisen Gebirgsklima auf. Die Winter können recht kalt ausfallen, die Sommer sind mäßig warm, und es gibt ergiebigeren Niederschlag als gewöhnlich. In den Nächten kann es zu allen Jahreszeiten empfindlich kühl werden, Frost ist selten und kommt meist nur in Höhen über 2000 Meter vor.

Die Capital Area Muscat hat im Januar Durchschnittstemperaturen von 22 °C, im Juni um 34,5 °C. Die jährlichen Niederschlagsmengen betragen in den Küstenregionen um 100 mm, im Omangebirge um 500 mm.

Regen fällt meist wolkenbruchartig zwischen Dezember und März und kann zu Überflutungen führen, da der trockene, staubig-steinige Boden das Wasser nur schlecht und langsam aufnimmt. Im Sommer gibt es hier keinen Niederschlag. Das Meer eignet sich ganzjährig zum Baden: Im Winter hat es 22 bis 24 °C, im Sommer bis zu 31 °C.

Die Region Dhofar im Südwesten des Sultanats wird als einziger Teil der arabischen Halbinsel direkt vom Monsun beeinflusst: Es ist ganzjährig warm und feucht, beinahe tropisch. Im Winter regnet es selten und die Temperaturen bewegen sich zwischen 20 °C in den Nächten und um 27 °C tagsüber. Die Luftfeuchtigkeit liegt bei mittleren 50 bis 60 % und die Meerestemperatur beträgt knapp 25 °C. Der Frühsommer ist mit Tageswerten von 31 bis 33 °C die eigentlich heiße Zeit des Jahres; auch die Nächte sind mit knapp 27 °C sehr warm. In dieser Zeit erwärmt sich das Meer auf bis zu 29 °C, und die Luftfeuchtigkeit steigt an.

Ab Mitte Juni beeinflusst die Ankunft des südostasiatischen Monsuns das Klima. Dessen Ausläufer stauen sich an den Küstenerhebungen Dhofars, besonders den Qara-Bergen und dem Jebel Samhan-Massiv, und regnen sich dort ab. Dies führt zu Abkühung, und die Lufttemperatur pendelt sich bei konstanten 25 °C ein. Temperaturschwankungen zwischen Tag und Nacht gibt es fast nicht mehr, die Meerestemperatur bleibt hoch und die Luftfeuchtigkeit erreicht Werte von 80 bis 90 %.

Nach Einsetzen der Monsunregenfälle ergrünt die Landschaft, für die arabische Halbinsel einzigartig. Omaner aus anderen Landesteilen sowie Touristen aus den Golfstaaten besuchen zu dieser Zeit die Region, um den für sie unbekannten Regenreichtum und das üppige Grün zu erleben.

Fauna und Flora

Die Wadis im Hajar-Gebirge sind zum Teil von Palmen gesäumt. Auch Sträucher und Schilfgras wachsen hier. Ansonsten findet man über weite Strecken nur Fels, Steine, Geröll und Staub, zwischen denen sich nur hier und da ein Büschel Gras oder eine Akazie behaupten kann. In Oasen, Wadis und Becken, die teils ins Gebirge hineinreichen, gedeihen Gemüse, Datteln, Zitrusfrüchte, gefördert durch das Bewässerungssystem der **Falaj** (oder Faladsch; Plural Aflaj oder Afladsch). Hier findet man auch größere Ansiedlungen wie Rustaq, Awabi und Nakhl zur Küste hin oder Ibri, Kubara, Bahla, Nizwa oder Izki an der zur Wüste hin abfallenden Südwestflanke des Hajar. Das Hajar-Gebirge selbst ist, abgesehen von kleinen Bergnestern, nur spärlich besiedelt, hier gibt es nur kleine Bergnester.

Es gibt etwa 85 Arten einheimischer **Vögel**, hinzu kommen Zugvögel, die man in Oman beobachten kann. Es gibt Schutzgebiete für die an den Stränden Omans eierlegenden **Meeresschildkröten**. Die in freier Natur ausgestorbene **Arabische Oryx** wurde in einem Schutzgebiet angesiedelt. Vor den Küsten liegen reiche **Fischgründe** mit Makrelen, Thunfischen, Sardinen, Haien, Walen und Delfinen.

Oman ist trotz seines überwiegend trockenen Wüstenklimas Heimat für zahlreiche **Wasservogelarten**. Die lange Küstenlinie mit schroffen Klippen garantiert unzählige geschützte Nistplätze für Seevögel. Hier kann man Kormorane, auch den gefährdete Sokatra-Kormoran, und Tölpel sehen. An den Stränden im Süden beobachteten wir **Seeschwalben** und **Möwen**, **Grünschenkel** und **Regenpfeifer**. Zugvögel auf dem Weg von Zentralasien nach Afrika bevölkern temporär den Oman und die vorgelagerten Inseln.

Khors sind Feuchtgebiete und Habitate für Watvögel im ganzen Land. Ein Khor ist ein Wassereinlass oder kleines Delta in einem flachen Küstenabschnitt. Die meisten haben seichte, schlammige Ufer und sind mit Brack- oder Meerwasser gefüllt, welches sich mit den Gezeiten in Tiefe und Ausdehnung verändert. Die Ufer sind mit Büschen, Schilf oder Mangroven gesäumt. Der Vogelreichtum der Khors, Nistvögel ebenso wie futtersuchende Besucher, ist groß. Diese Habitate sind leider oft bedroht. Auch der Tourismus ist nicht unbeteiligt.

In der **Inneren Wüste** wechseln sich Halbwüsten mit Trockengräsern, Dattelpalmen und Dornsträuchern und vegetationslose Vollwüsten ab. Die feuchten Gebirgshänge werden von Wäldern und Gesträuch mit Akazien, Maulbeerfeigen und Jasmin bedeckt. In Höhen über 1.000 m finden sich Wacholder, Ölbäume, Zedern und Euphorbien.

Besonderheiten der Flora

In Dhofar erhebt sich längs der Küste der Gebirgszug der Karaberge. Hier überwiegen Trockensträucher, darunter der **Weihrauch-Baum,** *Boswellia sacra.* Im **Wadi Dhawka Frankincense Nature Reserve,** auf halbtrockenen Kalksteinböden in 600 bis 800 m Höhe, auf der Rückseite der Bergketten des Karagebirges, gedeiht er besonders gut.

Auf diesen welligen Hochflächen, von kleinen und größeren Wadis zerschnitten, gedeihen noch zwei weitere Kostbarkeiten. Vom Aussterben sehr bedroht sind die **Drachenbäume,** *Dracaena serrulata,* Endemiten des Dhofar. Die Nutzung als Brennholz ist auch noch heute eine Bedrohung, und in Zukunft ist es vielleicht auch der Klimawandel, aber mehr noch die Verwendung als Kamelfutter. Gerade im Dhofar gibt es große Herden halbwilder Kamele, welche selbst diese harten Blätter abfressen, weil die gesamte Region überweidet ist. Zudem wächst der Drachenbaum langsam und blüht selten. Die Bäume können 5-6 m Höhe erreichen. Eine andere Art gedeiht auf der Insel Sokotra, 500 km südlich von Salalah, wegen ihrer isolierten Lage ein Hort endemischer Pflanzen. Eine dritte Art ist der bekannte Drachenbaum der Kanarischen Inseln, *Dracaena draco.*

Etwas häufiger ist *Adansonia digitata,* **Baobab.** Wir hatten Glück, diese als **Wüstenrosen** bekannten Bäume standen gerade in voller Blüte; die Blätter erscheinen erst später. Baobab ist keine im Oman ursprünglich heimische Art, denn die große Frucht wird von keinem im Oman heimischen Tier gefressen, und die Blüten werden dort, wo Baobab herkommt, von Fledermäusen bestäubt, die im Oman nicht nachgewiesen sind.

Baobab kommt im Oman nur an wenigen Stellen vor. Vermutlich ist er dort in früherer Zeit in der Nähe von Sied-

lungen für einen heute nicht mehr bekannten Zweck ange-
pflanzt worden; die Siedlungen sind verschwunden, die
Baobabs geblieben. Wie bei der Dattelpalme werden in
Afrika und Indien alle Teile des Baobab genutzt. Junge
Blätter werden gegessen, sie sollen wie Spinat schmecken.
In Afrika und Indien wachsen die Baobabs schnell, bilden
einen voluminösen Stamm und werden sehr alt, nicht so
jedoch im Oman wegen des Mangels an Grundwasser.
Zahlreich sind Exemplare des Oscher (*Calotropis procera*,
Syn.: *Asclepias procera, A. gigantea*), auch **Fettblattbaum**
genannt; sie säumen die Straßen. Es ist eine Pflanzenart in
der Unterfamilie der Seidenpflanzengewächse (Asclepia-
doideae) in der Familie der Hundsgiftgewächse (Apocyna-
ceae); ihre Frucht wird auch als **Sodomsapfel** bezeichnet.

Reiseverlauf
Die Reise beginnt am 19. Januar 2015 abends. Mit Oman
Air fliegen wir von Frankfurt non-stop nach Muscat. Un-
sere Reiseleiterin hat uns schon in Frankfurt begrüßt. Frau
Overkamp-Al-Hamwi, Orientalistin, hat in Tübingen und
Bonn studiert und ist seit 25 Jahren Reiseleiterin. Sie hat
viele Jahre in Syrien gelebt, längere Zeit auch im Jemen
und in Indonesien. Seit Jahren arbeitet sie immer wieder im
Oman. Sie kennt weitere islamische Länder gut und spricht
fließend arabisch.
Für den Transfer zum Hotel ist gesorgt. Die Zimmer im Al-
Falaj stehen bei Ankunft zur Verfügung, den Rest des Vormittags entspannen wir. Nachmittags machen wir die erste
Schnuppertour: Wadi Al Kabir, Al Bustan, Alt-Muscat mit
dem Sultans-Palast Al Alam, den portugiesischen Festungen Fort Al Jalali und Fort Mirani, dem großen Tor Bab Al
Kabir und der Al Khor-Moschee. Al Bustan hat den interes-

santesten Verkehrskreisel der Stadt, denn in seiner Mitte steht die *Sohar*, eine 14 m lange Dhau. Mit dem neu gebauten Schiff segelte Timothy Severin 1980 in acht Monaten ins chinesische Kanton. Damit hat er den Beweis geliefert, dass omanische Händler mit diesen kleinen Schiffen, gebaut aus einheimischem Material und ohne Nägel, bereits im 8. Jh. n.Chr. solche Seewege zurücklegen konnten.

Das Sultanat versucht sich im sanften Luxustourismus - wie das gelingt, besprechen wir am zweiten Tag mit Lehrern und Schülern einer Hotelfachschule. Danach geht es auf den **Fischmarkt von Mutrah**, wo alles, was Flossen und Tentakel hat, fangfrisch verkauft wird, und weiter in den **Mutrah-Souq**. Ein Fest für die Sinne beginnt: duftende Gewürze und Weihrauch, bunte Stoffe, Gold und Silber.

Mit der **Qaboos-Moschee** stiftete der Sultan einen der prächtigsten Bauten der Arabischen Halbinsel. Wir haben auch Gelegenheit, die 2011 eröffnete **Königliche Oper** zu besichtigen; die Aufführung der Verdi-Oper *Falstaff* wird gerade vorbereitet. Im Volkskundemuseum Bait Zubair lassen wir uns von den Glanzzeiten des Omans als Seemacht im Indischen Ozean erzählen. Beim abendlichen Besuch des *Muscat Festival 2015* lernen wir Köstlichkeiten der arabischen Küche, beispielsweise Omani Halwa, kennen.

Am vierten Tag klettern wir in die Geländewagen und fahren zwischen Bergen und Meer nach Süden. Langweilig wird es nicht: beidseits der Piste begleitet uns die grandiose Kulisse des Hajargebirges; durch das **Wadi Mischt** erreichen wir den **Wadi Dayka-Stausee,** und an einer besonders schönen Stelle im **Wadi Arbayyin** picknicken wir omanisch. Dann stehen noch Abstecher zum **Bimmah Sinkhole** und ins **Wadi Tiwi** an, bevor wir am späten Nachmittag die alte Hafenstadt Sur erreichen. Und abends?

An den Strand von Ras al-Junays, ca. 60 km von Sur entfernt, kommen nachts Meeresschildkröten zur Eiablage. Einige lassen sich dieses Naturschauspiel nicht entgehen.

Sur ist stolz auf seine Traditionen. In der Dhauwerft wird an einem neuen Schiff gearbeitet, und nicht weit davon steht eine Museums-Dhau, die **Fatah Al Khair** (*Fatah* bedeutet Eroberung, Sieg). Sandflächen, geröllige Trockensavannen und vielfarbige Felsformationen säumen am fünften Tag den Weg ins Landesinnere; dann plötzlich eine wasserreiche Oase im **Wadi Bani Khalid**. Als die Sonne tief steht, erreichen wir die **Wahiba Sands**, gigantische Sanddünen, so weit das Auge reicht. Vom luxuriösen Camp aus werden wir auf eine Düne gefahren, lassen uns den goldgelben, wunderbar feinen warmen Sand durch die Finger rieseln und warten auf den Sonnenuntergang.

Am sechsten Tag geht es weiter durch die Steinwüste. Wie Farbtupfer liegen immer wieder Oasen mit ausgedehnten Dattelpalmenhainen in der kargen Wüstenlandschaft. Die Wasserstellen mussten verteidigt werden, deshalb stehen in fast allen Oasen Festungen. In der Nähe von Izki besichtigen wir **Bienenkorbgräber** oberhalb des Orts **Zu Kait** auf einem Bergrücken, gut erhaltene Grabstätten aus dem 3. Jt. v. Chr. Nach der Festung von **Jabrin** mit ihren kunstvoll gearbeiteten Holzdecken fahren wir zu der noch stattlicheren Burg von **Bahla**, der größten im Oman (UNESCO-Kulturerbe). Tiefdunkle Berge begleiten uns auf der Fahrt nach **Nizwa**, wo wir zweimal übernachten.

In Nizwa bummeln wir über den Markt mit seinen Gewürzhändlern und Silberschmieden und schauen uns in der großen Festung um, einst Sitz des religiösen Herrschers.

Die Majestät der Berge ist der **Dschebel Schems**. Vom Rand des Grand Canyons des Omans in 2.000 Meter Höhe bietet sich uns ein Panoramablick in eine 1000 m tiefe Schlucht und auf ein gewaltiges Bergmassiv.

Auf dem Weg zurück stoppen wir in der Bergoase **Al-Hamra**. Wir laufen durch Palmenhaine, die durch Falaj-Anlagen bewässert werden, und erreichen den historischen Ortskern. Wie in anderen Oasen sind auch hier die alten Lehmhäuser zum Teil verlassen – Landflucht ist im Oman ein Problem. Der omanische Staat fördert den Erhalt der Häuser von Al Hamra, sodass hier noch mehr Menschen als anderswo in den alten Gebäuden wohnen. Die ältesten Lehmhäuser wurden vor mehr als 300 Jahren errichtet.

Das kleine **Museum Bayt Al Safah** bringt uns die Vergangenheit näher. In einem alten omanischen Haus sind Kunsthandwerk, Kleidung, alte Waffen, Silberschmuck, Truhen und anderes Mobiliar zu besichtigen. Hauptattraktion ist die große Küche. Hier ist Leben im Museum, wir nehmen ein wenig daran teil. Einheimische Frauen in traditioneller Kleidung mahlen Mehl mit der Hand, pressen Öl aus Datteln, produzieren Pistazienöl, backen hauchdünnes Fladenbrot auf dem offenen Feuer. Dann sitzen wir im schönsten Raum des Hauses und trinken omanischen Kaffee, mit Kardamom gewürzt, den Frau Overkamp ausschenkt. Dazu gibt es honigsüße Datteln.

Unsere Fahrt zurück an die Küste führt von Nizwa auf kurvenreicher Strecke durch die spektakuläre Steinwelt des **Wadis Bani Auf**. Die Felsformationen sind wie ein offenes Buch der Erdgeschichte. Auf der Fahrt über die Bergpisten - ein grandioses Panorama! - sehen wir kleine Dörfer und terrassenförmig angelegte Felder mit Futtermais und Luzernen, an den Rändern immer wieder Dattelpalmen. Bei der Festung **Nakhl** verabschieden wir uns von unseren Fahrern, die uns gut und sicher hierher gebracht haben.

Am Abend des achten Tags fliegen wir von Muscat nach Salalah ins Weihrauchland Dhofar. Wir beziehen unsere Zimmer im schönen Strandhotel. Crowne Plaza*****.

Das wird ein Vormittag für Genießer: ausschlafen, in Ruhe frühstücken, am breiten und endlosen Sandstrand laufen, Meeresvögel beobachten und fotografieren.

Nachmittags machen wir einen Ausflug in die tropische Landschaft. In den Plantagen wachsen Papayas, Bananen und Kokosnüsse im Überfluss, ein Hauch von Südsee liegt in der Luft. Im Gespräch mit Herrn Ali, einem Fachmann, erfahren wir mehr über die **Plantagenwirtschaft**.

Auf den Höhen der **Karaberge** liegt das **Hiobsgrab** – weit schweift der Blick über die Steilküste und das Meer.

Zurück in Salalah folgen wir der Duftspur im **Weihrauch-Souk**. Hier findet man alle Sorten des edlen Harzes.

Mit Geländewagen geht es am nächsten Tag wieder hinaus in die Natur. Den Anfang machen die **Weihrauchbäume** im **Wadi Doka** (Frankincense Nature Reserve). Wüstenrosen und Drachenbäume sehen wir auf der Fahrt zum **Dschebel Samhan** und ins **Wadi Darbat**. Am Nachmittag besuchen wir die Lagune **Khor Rori** und die Ruinen des antiken Hafens von **Sumhuram** (UNESCO-Kulturerbe), von dem aus einst Weihrauch verschifft wurde.

Für die meisten heißt es aufbrechen am 30.01. und nach Deutschland zurückfliegen. Wir haben um zwei Tage verlängert. Aber am 1. Februar schlägt auch für uns die Stunde zum Antritt der Rückreise. Wir fliegen wieder mit Oman Air und haben noch Zeit für ein flottes Frühstück im Hotel. Vormittags geht es von Salalah nach Muscat und mittags weiter nach Frankfurt (non-stop, Flugdauer jeweils ca. 7,5 Stunden); am Abend sind wir wieder zuhause.

Über den Autor

Wolfgang Hachtel,
geboren 1940, studierte Naturwissenschaften, wurde 1971 an der Universität Tübingen promoviert, habilitierte 1982, ist seit 1989 Professor für Botanik an der Universität Bonn und Autor zahlreicher fach- und populärwissenschaftlicher Artikel.

Nach seiner Emeritierung wandte er sich verstärkt der belletristischen Schriftstellerei zu und verfasste zudem einige Reiseberichte.

2009 erschienen acht Erzählungen unter dem Titel
Der Fremde und andere Erzählungen.

2010 folgten *Als Wessi in der DDR – Reisen und Begegnungen, Erinnerungen zwanzig Jahre nach dem Ende des anderen deutschen Staats* (Länder und Menschen 1),
und der Roman *Die Söhne der Indios.*

Mit *Grenzen, überall* folgte 2011 ein weiterer Band Kurzgeschichten und Erzählungen.

Der Roman *Der Traum vom Dschungel* ist 2012 erschienen.

In dem Band *Sommer in Hellas,* erschienen 2015, schildert der Autor seine Eindrücke, die er auf mehreren Reisen nach Griechenland gewonnen hat.

Der Band *Oman – Reisebericht 2015 + Aktuelle Themen* ist im Druck.

Der Autor ist Erster Preisträger des Bonn-Bad Godesberger Literaturwettbewerbs 2012.

Notizen